AF328343

CONCINI

MARÉCHAL D'ANCRE

SON GOUVERNEMENT EN PICARDIE

1614-1617

AVEC PORTRAIT

PAR E. POUY

AMIENS

IMPRIMERIE A. DOUILLET ET C°, RUE DES TROIS-CAILLOUX, 32

1885

Conchino de Conchiniui Visconte de la Penne Marquis Dancre.
Baron de Lisigni Marechal de France Gouuerneur pour Sa.
Maieste des Villes et Citadelles d'Amiens, Peronc, Roye, et Mondidier.
B. Montormel exzudit cum Priuilegio Regis

CONCINI

MARÉCHAL D'ANCRE

PRÉFACE

Les écrivains du xviie siècle sont en général peu favorables au Maréchal d'Ancre; mais il est facile de constater qu'ils ont puisé leurs récits dans les pamphlets et les anecdotes du temps, négligeant les autres sources d'informations, notamment les correspondances particulières et divers autres documents, pourtant si précieux à consulter. Dans les deux siècles suivants et jusqu'à nos jours, on a suivi, à peu de chose près, le même procédé, rééditant les mêmes versions et perpétuant les mêmes erreurs, sans nouvel examen, sans contrôle approfondi.

Je dois cependant rappeler ici que les frères de Ste-Marthe, en historiens consciencieux, ne se sont pas laissé entraîner à cette passion aveugle ; ils ont flétri comme il le fallait le meurtre du Maréchal d'Ancre : *infelici fato trucidati.*

Le Vassor, qui se montre en général peu favorable à Concini, dit cependant que ce dernier a été calomnié par ses ennemis en divers écrits.

Le *Courrier de Pluton,* dont nous parlerons plus loin, mérite d'être consulté.

La lumière a donc besoin d'être faite sur le favori de Marie de Médicis, sur celui qui, soit en exécutant les ordres de la reine, soit en exerçant une autorité plus directe, a participé au gouvernement de la France.

Le Marquis de la Fare considérait le Maréchal d'Ancre comme *honnête et libéral*.

Concini était ambitieux et ne s'en cachait pas : en quittant l'Italie pour se rendre en France, il avait dit qu'il y venait *faire fortune ou mourir*. Plus tard, étant en faveur, il disait encore : qu'il *voulait apprendre jusques où la fortune pouvait porter un homme*, voulant, ajoutait-il, *voguer en pleine mer, tant qu'il aurait le vent en poupe*.

Arrivé au sommet des grandeurs, Concini tomba victime d'un odieux assassinat. Il avait trouvé en France la fortune et la mort, mais il n'y eut pas un tombeau ! Son cadavre fut découpé, brûlé, sinon mangé, comme nous le dirons plus loin.

Parmi les auteurs modernes qui ont écrit quelques mots, sinon de réhabilitation, au moins de justice sur Concini, il faut citer le célèbre P. Loriquet, lequel a dit, dans son *Histoire de France* (1), que le Maréchal d'Ancre avait été *plus malheureux que coupable, et que son plus grand crime était l'ascendant qu'il avait pris sur la reine mère*.

M. Jal, dans son *Dictionnaire critique*, s'exprime ainsi :

« Je ne prétends pas m'intéresser plus qu'il ne faut à

____

(1) Tome II, p. 27, édition de 1821.

une mémoire trop outragée, mais j'avoue qu'il m'est impossible de ne pas la défendre un peu, quand je vois au milieu de quelle cour, de quels intérêts, de quels partis, vécurent Eléonore et Concini, quand je me demande où furent les sages et les loyaux, dans quel camp furent les vrais amis de la France et de la Couronne, lequel valut mieux de M. le Prince, où de la Reine, de M. de Luynes, favori du lendemain, ou du signor Concini, favori de la veille (1). »

M. Dusevel a tracé de Concini le portrait suivant :

« Ce qui doit surprendre, c'est que Concini, ce Maréchal d'Ancre qui a laissé de si tristes souvenirs, passait, cependant, pour posséder des qualités brillantes. »

Et il cite à ce sujet le témoignage du Maréchal d'Estrées, qui fait ainsi l'éloge de Concini :

« Naturellement bienfaisant, il fallut que ce fût son étoile, ou la nature des affaires, qui eussent fait soulever tant de mal contre lui. Il était agréable de sa personne, adroit à cheval et à tous les autres exercices. Sa conversation était douce et aisée. Ses pensées étaient hautes et ambitieuses, mais il les cachait avec soin. »

« Malgré tout, sans Léonore Galigaï, il n'eût point fait fortune en France. Cette femme était pleine d'esprit... » (*Histoire d'Amiens*).

(1) C'était en effet une chose singulière de voir la révolte et la guerre civile fomentées et mises en pratique par les plus grands noms du pays : Condé, Vendôme, Longueville, Bouillon, Mayenne, etc.

Jules Janin considère le Maréchal d'Ancre comme une victime du duc de Luynes (1).

M. le Président Hiver de Beauvoir constate que Concini fut trainé aux gémonies (2).

Mérimée dit que le Maréchal était détesté, mais il reconnaît que les princes étaient jaloux de son pouvoir et qu'ils ne craignaient pas de fomenter la guerre civile, pour avoir l'autorité et des subventions qui ruinaient les finances publiques *(Aventures du Baron de Faeneste. Préface)*.

De son coté, M. Duruy fait remarquer que Concini a été d'accord avec les grands, dès qu'il paya leur adhésion.

M. de Beauvillé, après avoir reproduit divers ordres du Maréchal à ses lieutenants, dit : « Ces lettres prouvent que le favori de Marie de Médicis s'occupait sérieusement des devoirs de sa charge, et valait peut-être mieux que sa réputation. » Introduction au tome IV des *Documents inédits*, page XXII, 1882).

Je ne suis donc pas le seul à penser que certaines préventions greffées les unes sur les autres, avec plus ou moins de variantes, se sont perpétuées jusqu'ici contre les Concini. Et, sans prétendre, comme Voltaire, que le Maréchal d'Ancre méritait une statue pour avoir soutenu la France contre les princes révoltés, je crois que mon idée de révision repose sur quelque fondement

(1) *Le Livre*, page 249. En cela du moins le roi des romanciers est d'accord avec les historiens.

(2) *Le dix-huitième Siècle*, p. 6.

Le sentiment public est bien éloigné aujourd'hui de considérer comme une juste sentence les stances prophétiques publiées jadis par Malherbe contre le Maréchal d'Ancre (1). Les passions du moment ont disparu, et, dans une juste mesure, on en plaint les victimes.

On fait plus même : consultant les archives, les souvenirs, les traditions, on découvre des qualités, des preuves de bienfaits, des actes de fidélité et de patriotisme, à citer en faveur et à la gloire de ceux dont l'esprit de parti a si longtemps flétri la mémoire et si souvent dénaturé les actions.

En ce qui concerne particulièrement la Picardie, où il semblait difficile qu'un témoignage favorable pût se produire, tant la prévention s'est perpétuée, sur la foi ajoutée à certains écrits, à quelques ressentiments, une voix, cependant, une voix autorisée s'est élevée. Sous le titre de : le MARQUISAT D'ANCRE, un

(1) Va-t-en à la malheure, excrément de la terre,
Monstre qui dans la paix fait les maux de la guerre,
Et dont l'orgueil ne connait point de loi.
En quelque haut dessein que ton esprit s'égare,
Tes jours sont à leur fin, ta chute se prépare :
Regarde-moi pour la dernière fois.
C'est assez que cinq ans ton audace effrontée,
Sur des ailes de cire aux étoiles montée,
Princes et rois ait osé défier :
La fortune t'appelle au rang de ses victimes,
Et le ciel, accusé de supporter tes crimes,
Est résolu de se justifier.

On sait que Malherbe touchait une pension de Marie de Médicis; ce n'était pas assurément pour le récompenser d'avoir tiré cet horoscope sur le fidèle serviteur de la reine.

article du *Mémorial d'Amiens*, signé Borel d'Hauterive, des 14 et 15 février 1874, commence la réhabilitation du *bon Maréchal* et de la *bienfaisante Eléonore*,
sa femme, en signalant « les excellents souvenirs que
les habitants de la petite ville d'Albert, ci-devant *Ancre*, ont toujours conservés de leurs anciens seigneurs,
les Concini, qui là, du moins, avaient su se faire aimer
de leur vivant ; là où les de Luynes se firent plus tard
tant détester par leur arrogance, leurs méfaits, et
pour avoir changé le nom d'Ancre, auquel tenaient
les habitants, en celui d'Albert. »

« Les préventions qui avaient d'abord accueilli à
Ancre le Maréchal Concini, lorsqu'il prit possession
de son domaine, tombèrent devant la réalité des faits.
Concini était un gentilhomme généreux, affable, cha-
ritable. Il s'empressa de réparer les maux dont la ville
avait été accablée ; il embellit la cascade, améliora
les routes, fit creuser le lit de la rivière. Les richesses
qu'il avait reçues de la reine Marie de Médicis, il les
consacrait au service du roi et de sa bienfaitrice, ou
au soulagement des malheureux. Le bonheur et la
prospérité ne tardèrent pas à renaître sous un si bon
seigneur. La désolation fut universelle dans ce pays,
lorsqu'on apprit l'assassinat du Maréchal. Ce deuil
général se changea en calamité publique, lorsqu'on
apprit l'arrestation de sa femme et sa condamnation à
mort ; son exécution jeta le pays dans une profonde
stupeur. »

Ce récit est emprunté par M. Borel d'Hauterive à
un membre de l'honorable famille de Guillebon.

Les habitants de Bray-sur-Somme n'eurent aussi qu'a se louer de Concini, tant qu'il fut leur seigneur, ainsi qu'on peut le voir dans les *Mémoires des Antiquaires de Picardie*, 1873.

Il faut reconnaître cependant que la critique moderne n'est pas tout entière favorable au Maréchal d'Ancre. M. Monod a dit : « C'est par l'influence funeste de Concini et de sa femme, surtout de cette dernière, que fut contractée l'alliance Franco-Espagnole (1) ; » alliance qui souleva tant de résistance de la part de la noblesse réunie autour de Condé, et dont nous verrons les effets se produire en Picardie comme ailleurs.

Cependant, ce qu'il faut surtout reprocher aux Concini dans cette circonstance, c'est d'avoir été les instruments, plutôt que les instigateurs de la mauvaise politique de la reine mère. Dès le départ de Sully (1611), la reine régente s'était tournée vers l'Espagne. Et puis, Marie de Médicis, quoi qu'on en ait dit, n'était pas sous la domination absolue des Concini ; elle a même souvent donné des preuves d'une volonté ferme et tenace (2).

(1) *Louis XIII à Bordeaux*, 1876, brochure in-8°. Extr. des publications de la Société des Bibliophiles de Guyenne.

(2) Henri IV trouvait son épouse « entière, » pour ne pas dire « têtue, » ajoutait-il (M. Guizot).

Le P. Griffet rapporte une conversation de l'Intendant des Finances Arnaud avec Concini, d'où il résulte que celui-ci prétendait que la reine régente devait disposer de tout, et que Sully lui-même devait se rendre souple à ses volontés.

Quant à la question d'alliance avec l'Espagne, Henri IV, selon M. Guizot, avait eu lui-même, dans un but de pacification européenne, l'idée du double mariage espagnol, mais sans avoir de son vivant travaillé à l'accomplir.

M. Marius Topin, dans *Louis XIII et Richelieu*, se montre tout à fait hostile au Maréchal d'Ancre. Nous reconnaissons avec lui l'ambition, la cupidité et même l'arrogance du favori ; mais il ne nous est pas possible d'admettre les reproches d'incapable, d'allumeur de la guerre civile faite par les princes, etc. Evidemment, M. Topin n'exagère les torts et les défauts de Concini, que pour les besoins de la cause qu'il plaide en faveur de Louis XIII. Cela est si vrai que le nouvel apologiste du roi va jusqu'à dire que l'assassinat du Maréchal d'Ancre, qu'il qualifie de simple *coup d'Etat*, procura, entre autres résultats heureux, la fin de cette guerre des princes. La vérité est que le comte de Nevers était presque le seul qui tînt alors sérieusement la campagne ; Soissons assiégé était près de se rendre. La guerre civile était donc à peu près terminée avant la mort du Maréchal, et à la suite des mesures habiles prises par lui, comme le prouve la correspondance avec Nérestan et autres. « Les armées des princes étaient vaincues, et ils se voyaient perdus lorsque Concini fut tué, » dit Pontchartrain.

Etudier de nouveau le caractère et les actes de Concini, c'est ce que je veux entreprendre sans parti pris.

On ignore ou l'on oublie généralement que Concini, naturalisé Français, a, par sa fidélité à la cause de l'unité nationale, puissamment contribué à maintenir cette unité, en s'opposant aux entreprises séparatistes des Princes et de leurs partisans. C'est un des points historiques que j'ai pu remettre en lumière.

Enfin, en me basant sur divers documents et sur des traditions dignes de foi, j'espère, comme je l'ai dit plus haut, rendre à la mémoire du Maréchal d'Ancre et de sa femme Eléonore, la justice que l'histoire leur doit, qu'elle a rendue à des personnes plus coupables et qui ne furent pas comme eux cruellement punis.

Les documents reproduits dans les pages qui vont suivre n'ont pas pour but, je le répète, de justifier complètement Concini de toutes les accusations éditées et rééditées contre lui depuis deux siècles, à l'occasion du pouvoir qu'il a exercé en Picardie, parfois avec autorité et rigueur, mais simplement de rectifier les erreurs, de faire justice des fausses imputations et des exagérations, en un mot, de permettre à chacun de juger sur des pièces authentiques un des courtisans les plus célèbres du xviie siècle.

On n'y verra pas la preuve que toutes les faveurs échues à Concini jusqu'à la paix de 1616 ont toujours été méritées, ni que ses exploits militaires, assez heureux pourtant, lui aient conquis le bâton de Maréchal de France (1). Mais on y trouvera, il me semble, de l'impartialité dans l'appréciation de ses actes, bons et mauvais, et le témoignage irréfutable d'une grande fidélité à la politique du gouvernement

(1) Le roi Henri IV, qui s'y connaissait, dit un jour à Concini, 5 mai 1610, « que l'épée qu'il portait n'estoit pas aussi affilée que la plume de Messieurs du Parlement. »

N'est-on pas tout étonné que Bussy-Rabutin, à propos de la lettre de Dubouchet à M. de Créqui, sur la dignité de Maréchal de France, n'ait pas fait la critique de cette faveur accordée à Concini?

qu'il a servi, souvent avec habilité, et non en courtisan vulgaire, comme on l'a dit à tort (1).

Mes recherches concernent principalement le Gouvernement de Concini en Picardie, où il s'est signalé
par des actes assez nombreux, et où il ne manquait ni
de partisans ni d'ennemis. Je me suis attaché surtout
à l'étude des faits les plus caractéristiques et les moins
connus, à certains détails piquants et curieux, révélés
par des archives, des documents épistolaires et autres,
minutieusement compulsés.

J'ai placé en tête de ce travail le portrait du Maréchal, mais je n'ai pas cru devoir y ajouter celui de la
Maréchale d'Ancre (2). En contemplant les traits de
cette dernière, son air distingué, on a peine à croire, si
toutefois le portrait est ressemblant, que cette femme
était laide et sans grâce, comme on l'a dit. Elle était
bien, il est vrai, marquée de la petite vérole, mais cela
n'est pas toujours une cause de laideur.

Quant au Maréchal, nous parlerons plus loin de sa
physionomie d'après divers portraits, outre celui
placé ici.

(1) En 1609 Concini avait été désigné pour l'Ambassade de Flo-
rence ; on lui reconnaissait donc la capacité nécessaire pour remplir ce poste important.

(2) Un portrait de la Maréchale a été peint sur émail par Joseph
Laudin (18 cent. sur 10).

GOUVERNEMENT

DE

CONCINI, MARÉCHAL D'ANCRE,

EN PICARDIE

1611-1617

CHAPITRE I.

Origine des Concini, favoris de Marie de Médicis. — Leur situation à la Cour; détails particuliers. — Le mari obtient les titres de Gouverneur d'Amiens, etc. — Acquiert le marquisat d'Ancre. — Son entrée solennelle à Amiens. — Hostilités du duc de Longueville et du parti des Princes, — État politique de la Picardie au commencement du règne de Louis XIII. — Haines, animosités et cabales. — La défense de Concini.

De tous les gouverneurs d'Amiens, il n'en est aucun dont l'administration ait été plus orageuse et soit plus curieuse à étudier que celle du Maréchal d'Ancre. On ne cite guère de favori qui ait été plus comblé d'honneurs et de faveurs, et qui ait eu ensuite, jusque dans sa race, un sort plus malheureux : triste retour des choses d'ici-bas ! Comme le dit l'historien de la Morlière, « de vray, ce n'est qu'un bransle conti-

nuel que ce monde, où toutes choses peuvent aussitôt
advenir que de faillir (1). »

Concini-Concino, né à Penna, en Italie, était fils
d'un gentilhomme de Florence : la preuve en a été
faite par les pièces du procès ; mais il n'avait pas de
fortune lorsqu'il vint en France, en 1600, où il fut
premier maître d'hôtel, premier écuyer de la reine, à
la cour de Henri IV (1608), à la place de M. de La-
roche ; puis, sous la régence, premier gentilhomme
de la Chambre (1612), Maréchal de France (18 novembre 1613) (2), en remplacement de de Fervacques,

(1) On ne peut faire une peinture plus fidèle des temps troublés
de la fin de la régence de Marie de Médicis et du commencement
du règne de Louis XIII. C'est à cette époque que le chanoine Amiénois écrivait, dédiant son livre au roi, et *esbatant* sur lui ses
louanges, comme il l'avait fait auparavant en l'honneur de l'au-
guste *géniteur* de Louis XIII, c'est-à-dire Henri IV. Mais en même
temps, le naïf chanoine glissait à sa Majesté l'observation si exacte
que nous venons de rapporter.

(2) C'est par erreur que Guillaume Marcel dit que Concini n'a
été nommé Maréchal qu'en février 1615. On sait que Concini fut
créé Maréchal par la reine mère, pour avoir consenti à se séparer
du parti de Condé en 1613. Cette date est inscrite au bas du portrait gravé du Maréchal, et tout aussitôt le marquis d'Ancre ne
manqua pas de se parer de son nouveau titre. Cela ne fit que lui
susciter de nouveaux ennemis, à tel point, dit Beauvais-Nangis
(*Mémoires*, p. 180), que dès le commencement de 1614 M. de Nevers
se plaignait qu'on avait fait le marquis d'Ancre Maréchal de France.
On cria contre le favori avec d'autant plus de violence qu'il n'a-
vait pas encore fait preuve de talents militaires. Peut-être eût-on
été moins acharné contre lui, s'il n'eût été nommé qu'après les
campagnes de 1614 à 1617, qu'il dirigea avec une habileté incontestable contre les troupes des princes révoltés.

Concini touchait 10,000 liv. tournois par an comme Maréchal de
France, et 2,000 liv. en qualité de conseiller d'Etat, comme on le

décédé, et favori tout-puissant. Peu de jours avant sa mort, il avait acheté de Bassompierre, pour 650 mille livres, la charge de colonel des Suisses (1).

Il avait pris le titre de marquis *d'Encre* ou *d'Ancre*, après avoir acquis, moyennant 330,000 livres, le 16 septembre 1610, la terre de ce nom, qui avait appartenu aux d'Humières. Ce marquisat, ainsi que la petite ville sur le territoire de laquelle il était situé, furent, au grand regret des habitants, nommés Albert, lorsque Louis XIII se fut emparé des dépouilles de Concini, en 1617, pour en gratifier Albert de Luynes, son favori.

Concini se fit naturaliser Français en 1601; il ne méritait donc pas qu'on lui reprochât avec tant d'amertume son origine étrangère, arme dont on se servit aussi contre Mazarin.

Le père de Concini, gouverneur de François de Médicis, s'était acquis dans son pays la réputation d'habile homme d'Etat. Son fils avait hérité de cette qualité. Il eût dépendu de lui d'être premier ministre, mais il resta en dehors du conseil pour exciter moins de jalousie. Cette politique, qui n'était pas d'un homme ordinaire, ne le préserva pas de l'envie, car on l'a dit

voit par une quittance signée de lui du 31 décembre 1616 (Catal. de la vente Lucas de Montigny).

(1) Est-il vrai, comme il est dit dans le drame *La Florentine*, qu'Eléonore avait obtenu pour son mari le titre de *connétable* ? Je n'ai pas trouvé la preuve de cette nomination à laquelle il n'aurait manqué que le Scel, lorsque survint l'assassinat de Concini. Ce fut, dit le drame en question, pour empêcher le Maréchal de divorcer que son épouse parvint à ravir cette insigne faveur.

il y a longtemps : « A la Cour, on n'a point d'amis, on n'a que des rivaux sans foi, sans souvenir et sans pitié. »

Voici, d'après M. Goze, quelles étaient les armoiries doublement parlantes du Maréchal : écartelé au 1 et 4 d'azur à un rocher de trois coupeaux d'or, sommés chacun d'un panache d'argent; qui est de la *penna* (en français de la *plume*) ; au 2 et 3 coupé, au 1 : d'or à l'aigle de sable, au 2 : d'argent à la chaîne de sable, passée en sautoir.

Plus tard, on a ajouté à ces armoiries le bâton de Maréchal de France.

Ce blason se trouve, mais sans le bâton de Maréchal, sur un des volumes ayant fait partie de la bibliothèque de Concini, ainsi que j'en ai été informé par M. le comte de Longpérier-Grimoard, qui en a le dessin dans sa remarquable collection d'*ex Libris*.

La Maréchale, Léonora Dori, ou Doury, dite Galigaï, était fille d'un gentilhomme, selon les uns, d'un menuisier, selon les autres ; elle avait été placée par sa mère, Catherine de Berry, nourrice de Catherine de Médicis, auprès de cette dernière, en qualité de dame d'atours, et avait su prendre sur elle beaucoup d'empire. Léonora était la plus laide femme de la cour (ce qu'on ne dirait jamais en voyant son portrait), mais elle avait autant d'esprit que d'ambition.

La faveur de cette femme fut à peu près constante auprès de Marie de Médicis ; mais le mari ne fut pas toujours bien en cour, et aurait peut-être eu assez de peine à s'y maintenir, sans l'appui de sa Léonora, ainsi qu'on le verra par l'exposé qu'il est bon de faire de certaines particularités peu connues de la vie des deux favoris.

Au début de sa régence, Marie de Médicis était en parfait accord avec les princes et ducs ; mais au commencement de 1611, les ducs et princes du sang commencèrent à s'agiter ; ils firent éloigner Sully des affaires, parce qu'il s'opposait à la dilapidation du trésor amassé par Henri IV. La Bastille fut mise sous la garde de M. de Chasteauneuf, les finances furent accordées à trois directeurs : de Chasteauneuf, les présidents de Thou et Jeannin, ce dernier ayant la charge de contrôleur-général, et par conséquent l'entier maniement des fonds.

En avril 1612, la face de la Cour changea entièrement : car il se fit une étroite union de M. le Prince (Condé), MM. de Nevers, du Maine, de Bouillon, du marquis d'Ancre, et la reine se jeta entièrement de ce côté-là (*Mémoires de Bassompierre*, t. 1ᵉʳ, p. 277).

En 1613, les princes ayant recruté de nouveaux adhérents, MM. de Guise et d'Epernon, se crurent maîtres de la place et voulurent obliger la reine à donner la capitainerie du château Trompette au prince de Condé. Le marquis d'Ancre appuya cette demande. « Ces cinq méchants, dit la reine à Bassompierre, veulent empêcher mon autorité et me ruiner ; mais si je puis, je les en empêcherai bien (1). »

(1) Les Condé, les Conti, les Enghien, les ducs d'Epernon, de Guise, d'Elbeuf, de Mayenne, de Bouillon, de Nevers, grands noms et petits caractères, dit M. Guizot. On les rencontre à chaque pas,

A partir de ce moment, Bassompierre devint l'un des plus chauds partisans de la reine, et on le trouvera désormais partout agissant, soit comme négociateur, soit à la guerre, et soutenant la même cause. Il eut surtout pour mission de ramener MM. de Guise et d'Espernon, et les anciens ministres aux intérêts de la reine. — Il y réussit, moyennant faveurs et finances prodiguées. Quant au Maréchal, il fut irrité contre la reine, pour le refus du château Trompette, au point qu'il bouda un peu et alla passer quelques jours de mécontentement à Amiens. « Fiez-vous, disait-il, à *l'amore de principi.* » (*Bassompierre*).

ajoute-t-il, sous la régence, ambitieux, remuants et inutiles (*Hist. de France,* tome iv, p. 3). La pauvre Reine était souvent trahie par les siens dans ces temps d'intrigues; elle le fut même par le secrétaire de ses commandements, Jean Phélypeaux. Voir à ce sujet le *Bulletin du Bibliophile,* de 1855, p. 21.

On a vu plus haut, à la note, à quel prix la reine-mère était parvenue à ramener à elle Concini, en le séparant du parti de Condé ; elle dut lui mettre en main ce qui ne devrait être accordé qu'aux plus glorieux, le bâton de Maréchal ! Concini et Condé avaient d'ailleurs une politique bien opposée. Le prince cherchait par tous les moyens et toutes les alliances, surtout celle des protestants, à se rendre maître du gouvernement. Concini, au contraire, demeuré au fond attaché à la reine, se montra plus tard, avec le marquis de Spinola et Pérricard, ambassadeur d'Espagne, grand partisan de l'alliance et des mariages Espagnols; il avait même, pour arriver à ce but, noué des intelligences avec l'ambassadeur d'Allemagne, comme le prouve une pièce du procès, chiffrée, venant de l'archevêque de Mayence. Il voulait l'unité du royaume et se rangeait du côté des catholiques, sans accorder pourtant aux Jésuites tout ce qu'ils lui demandaient. On ne peut donc contester qu'il ait voulu maintenir la grandeur de la France et l'ordre dans le Gouvernement.

Bassompierre fut le voir dans sa retraite de Picardie, passa cinq jours avec lui, et ils revinrent tous deux à Paris vers la mi-février 1613. Il n'y avait alors que bals, fêtes et réjouissances à la Cour, à Fontainebleau et ailleurs ; mais Concini n'osait encore s'y montrer, la reine étant toujours fâchée contre lui, au point que le mardi avant la Pentecôte (1613), elle parla longuement à Bassompierre contre le Maréchal, lui disant : « Il se gouverne mal, il se ruinera ; il fait l'entendu, et ne bouge d'avec une cabale qui m'est entièrement contraire et opposée. Dites-luy que je luy mande que s'il n'est jeudy au soir icy, je l'apprendrai à m'obéir. Si ce n'estoit sa femme, je l'aurais déjà mis en un lieu dont il ne sortirait pas quand il voudrait. Sa femme est en rage et luy fait toujours de pis en pis. Dites-luy qu'il ne manque pas à faire ce que je lui commande (1). »

Bassompierre ne manqua pas de s'acquitter de son ambassade auprès de Concini, lequel se mit en colère, prétendant d'abord qu'il n'irait point à la cour sans y ramener le marquis de Comires que la reine avait congédié; que d'ailleurs s'il s'était lié avec les princes, ce fut par ordre de la reine ; qu'il était homme d'honneur, etc... Puis, se radoucissant, il finit par promettre de se rendre au rendez-vous qu'on lui demandait, si on lui promettait de recevoir aussi son ami ; qu'après cela la reine ferait ce qu'elle voudrait,

(1) Ce langage de la reine prouve bien qu'elle avait parfois une forte volonté et que Concini ne la dominait pas, comme on l'a prétendu.

mais que, par ce moyen, il serait du moins dégagé vis-à-vis de M. de Comires. Tout cela s'arrangea par l'entremise de Léonora (1), et le Marquis en fut fort satisfait. Cependant il eut encore quelques désagréments avec la reine au sujet de certaines entreprises secrètes en Savoie, où se trouvait mêlé Dolet, et par l'entremise d'un sieur Maignat, dauphinois, blond et bossu, connu à la Cour, qu'il fréquentait, ainsi que les antichambres du marquis d'Ancre.

Ce Maignat fut arrêté, et par suite le Marquis se crut encore une fois perdu, ainsi que son ami Dolet ; mais tout cela fut encore arrangé et assoupi, pour le Marquis et Dolet, par le bon vouloir de la reine, sur le rapport favorable de M. de Roissy, ami particulier de la Marquise, et le concours des commissaires Masurier et Mangot. Maignat fut seul condamné, et roué vif, le jeudi avant l'Ascension 1613.

Concini reconquit par la suite toutes les faveurs de

(1) Léonora, fort habile, vendait des grâces et des absolutions, a-t-on dit, en exagérant beaucoup les profits qu'elle en tirait. Par cette heureuse négociation, la marquise trouvait pour récompense les bonnes grâces de son mari, qui, pour lors, lui faisaient un peu défaut. On trouve la preuve de l'influence de *M⁰ Conchini*, sinon de son avidité, d'ailleurs peu contestable, jusque dans les choses les plus intimes de la famille royale (Henri IV et Marie de Médicis), dès les premiers temps du mariage de leurs Majestés. On peut lire à ce sujet des détails dans un livre curieux et rare, intitulé : *Récit véritable de la naissance de Messeigneurs et Dames les Enfants de France* (de Henri IV et de Marie de Médicis) *avec les particularités qui y ont esté et pouvoient estre remarquées par Louise Bourgeois, dite Boursier, sage-femme de la Reyne. A Paris, chez Melchior Mondiers, en l'isle du Palais, rue du Harlay, aux deux vipères, 1625. In-12*

la reine par une conduite meilleure et plus franche-
ment dévouée à la régente et à la politique que cette
dernière crut devoir suivre contre les entreprises féo-
dales des Princes.

Voyons maintenant ce que fit Concini en Picardie,
comme gouverneur d'Amiens, Péronne, Montdidier et
Roye, comme bailli et lieutenant-général du roi
Louis XIII.

Le gouvernement d'Amiens fut toujours fort
envié, mais il ne fut jamais plus convoité, et son
exercice ne fut à aucune époque plus troublé et plus
agité que sous la régence de Marie de Médicis, do-
minée, tour à tour, par un parti ou par un autre.

La mort de M. de Créquy, gouverneur de la ville et
de la citadelle d'Amiens, arrivée alors (1610), donna
des espérances à beaucoup de prétendants ; les ministres désiraient faire tomber cette charge entre les
mains de M. de la Curée, ou de plusieurs autres ;
mais voyant que le marquis d'Ancre la désirait (1) et
que M. le comte de Soissons appuyait sa prétention, ils
n'osèrent résister, et la chose se fit contre leur gré,
aussi bien que malgré François d'Orléans, comte de
Saint-Pol, qui avait eu le gouvernement de la Province
jusqu'à ce que Henri d'Orléans, duc de Longueville,
son neveu, fût en âge (à 18 ans) de le posséder.
M. de Saint-Pol chercha bien à mettre quelques bâ-
tons dans les roues de la fortune du marquis d'Ancre,

(1) Dès 1608, du vivant d'Henri IV, il avait été question de
donner un gouvernement à Concini, alors fort en vogue à la Cour
(Chevalier Guidi.)

en demandant la place pour le duc de Fronsac, son fils ; mais Concini sut triompher de toutes ces intrigues. Et pour éviter les querelles entre le comte de de Saint-Pol et le marquis d'Ancre, lorsque celui-ci vint prendre possession de cette place, il fut convenu que M. de Saint-Pol retournerait à la Cour.

Concini témoigna hautement sa reconnaissance à M. de Soissons pour la part qu'il avait eue dans cette négociation, et il assurait qu'après le service du roi et de la reine, il n'y avait rien qu'il ne fît pour l'intérêt de son protecteur, devenu son plus grand ami.

Pour arriver à ce résultat, il avait fallu écarter les postulants ; les choses avaient été menées de telle façon par le marquis de Rambouillet et le chancelier-commandeur de Sillery, partisan du marquis d'Ancre, que la reine n'eut plus qu'à ratifier des faits accomplis, mais non sans quelques objections, dont il fut facile d'avoir raison. Concini avait d'avance installé dans la citadelle d'Amiens deux hommes à sa dévotion : Rouillac, comme lieutenant, et de Fleury, en qualité d'enseigne ; il avait donné aux soldats de la garnison 12,000 livres qu'il avait empruntées au Receveur général, mais que ses ennemis l'accusèrent d'avoir prises de force. Il se tira habilement de toutes ces entraves, et peu de temps après son entrée à Amiens, il se rendit à Péronne pour prendre le gouvernement de cette place (1), et de là retourner à la

(1) On dira plus loin comment le gouvernement de Péronne fut enlevé plus tard au Maréchal d'Ancre par le duc d'Orléans de

Cour. Il avait mis à Montdidier, pour la défense de la place, des troupes qui s'y trouvaient encore le 17 septembre 1615, comme on le voit dans une lettre de cette date, dont il sera parlé plus loin.

Riberpré qui, dans les premiers temps commandait dans la citadelle d'Amiens en l'absence de Concini, fut envoyé à Corbie en 1614, à la tête des troupes qui s'y trouvaient. Ce changement avait été motivé par divers rapports dirigés d'Amiens contre Riberpré; des *Pasquils*, de *feintes devises*, de *petits vers satyriques*, *vaudevilles ou guérindons* commencèrent à courir de bouche en bouche et par écrit à ce sujet (*Mercure Français* 1614).

Par la suite, Riberpré se tourna contre Concini, et fit cause commune avec le duc de Longueville (Voy. p. 31).

Le 6 août 1611, Louis XIII écrivit aux échevins d'Amiens, pour leur annoncer la promotion du marquis d'Ancre aux états de bailli, gouverneur et capitaine d'Amiens, et leur mandait de le bien recevoir. Marie de Médicis écrivit dans le même sens le 11 du même mois (1).

Les Amiénois firent de leur mieux pour satisfaire le roi et la reine mère, comme on le verra ci-après. Toutefois, il est bon de constater tout de suite que cette

Longueville (Voir *Histoire de l'arrondissement de Péronne par M. De Cagny*, 1865, in-8°).

(1) Les lettres d'institution de Concini comme Bailly d'Amiens portent la date du 28 juin 1611 ; elles furent enregistrées au Parlement le 11 juillet suivant, avec le titre de Lieutenant du roi en la province.

nomination ne pouvait être agréable à la bourgeoisie d'Amiens, qui affectionnait particulièrement les d'Orléans, dont elle avait reçu de nombreux services; et prévoyant que le jeune Henri, malgré son titre de gouverneur de Picardie, supérieur à celui de Concini en cette province, allait cependant être dominé par celui-ci, alors tout-puissant, cette bourgeoisie devint en partie très hostile au Maréchal d'Ancre, surtout à partir du 9 août 1614, date à laquelle Henri d'Orléans voulut faire son entrée dans Amiens comme gouverneur de Picardie, et échoua dans la tentative qu'il fit, avec l'aide de ses partisans, pour prendre la citadelle.

Il paraît, au surplus, que les d'Orléans étaient fort aimables et d'humeur facile, ce qui contribuait à les rendre sympathiques, tandis que le Maréchal, qui n'avait pu réussir par la douceur et la conciliation, montra de la raideur et voulut au besoin en imposer à ses ennemis par la force, ce qui causait de l'irritation.

Henri d'Orléans, premier du nom, duc de Longueville, gouverneur de Picardie, avait épousé Catherine de Gonzague, fille de Louis, duc de Nevers ; ce fut lui qui, le premier, commença la ruine de la Ligue par le succès de la bataille de Senlis (1589). Il périt à Doullens le 29 avril 1595, laissant pour lui succéder Henri, deuxième du nom, né à Amiens deux jours avant la mort de son père. Protégé dès son berceau par le roi Henri IV, qui était son grand oncle et son parrain, il fut nommé au gouvernement de la Picardie. Il épousa en premières noces, à l'âge de 21 ans, Louise, fille de Charles de Bourbon-Soissons, dont il eut la duchesse de Nemours, et en secondes noces la belle et intrigante Anne-Geneviève de Bourbon-Condé, sœur du grand Condé et du prince de Conti, femme remplie d'esprit, et qui joua un des premiers rôles dans les guerres de la Fronde (1).

Les d'Orléans avaient de longue date des amis dans Amiens, même pendant les événements de la Ligue ; mais alors ils n'y étaient pas populaires, car l'autorité communale assemblée à l'Hôtel-de-Ville, le 27 décembre 1588, décida que si M. le duc de Longueville se présentait pour entrer en ville, où sa femme et sa belle-sœur étaient retenues prisonnières par les Ligueurs, il serait « très humblement prié de s'en déporter, pour la suspicion du peuple contre luy (2). » Mais leur crédit fut bien vite rétabli après le triomphe du roi Henri IV, dont ils étaient les fidèles partisans.

Le duc de Longueville a été fort adulé par les écrivains et les poètes amiénois de son temps et de son parti, notamment par le chanoine de la Morlière, comme on le verra plus loin. Nicolas de Blairye ou Blairie, docteur en théologie, pénitencier, prévôt et grand vicaire du diocèse, après avoir payé dès 1615 son tribut de louange au gouverneur de Picardie et à

(1) Voir *Histoire de M. Faure, évêque d'Amiens*, 1876, in-8°.

(2) Il ne faut pas oublier que ceux qui gouvernaient alors la ville étaient passionnés pour la Ligue et faisaient parler comme eux le peuple qui n'en pouvait mais.

sa famille, tant en chaire que dans ses écrits, finit par de très sages conseils qu'il donne à son héros, en exemples tirés de l'Histoire ancienne des Césars et des princes chrétiens, qu'il ne veut pas nommer, mais qu'il désigne suffisamment. « Le prince se doit garder, dit-il, de se laisser endormir par les caresses et flatteries, lesquelles causent sa perte totalement, » d'autant plus, ajoute-t-il, qu'en la maison du prince tout le monde apprend à flatter, même le prédicateur et le confesseur, « à cause que tous attendent la récompense (1). »

Le correctif était, comme on le voit, bien près de la louange dans la harangue du docteur, et si, comme M. Goze le prétend, Concini avait voulu interdire de tels discours, c'est qu'il n'en connaissait pas, plus que l'honorable critique, la piquante conclusion.

Claude de Mons, seigneur de Hédicourt, pourvu de la charge de conseiller du roi et de magistrat au baillage d'Amiens, ne pouvait mieux prouver sa reconnaissance à Henri d'Orléans qu'en le proclamant

> . . . . d'une voix hardie,
> Grand sur tous les demi-dieux,
> Et ses honneurs élevant jusqu'aux cieux.

Mais à l'instar du chanoine de Blairie, il ajoute un petit avertissement, qui lui semble sans doute nécessaire pour calmer l'ardeur belliqueuse qu'il avait pu remarquer chez le jeune prince, tant dans ses luttes avec le Maréchal d'Ancre, qu'en d'autres occasions :

(1) Voy. *Trois tableaux*.... *Amiens*, 1615, in-12.

Il ne faut pas que ton jeune courage
Ait de l'ardeur et du feu davantage :
Ny pour le bien de ton maistre et seigneur,
Ny pour ta vie et carrière d'honneur.

. . . .

Que s'appaisant le Thracyque débat
Qui nous divise, et hazarde l'estat ;
Il est besoin de modération (1).

Il ne faut pas oublier que le duc de Longueville n'avait que 18 ans lorsqu'il vint, en 1614, prendre possession de son gouvernement de Picardie, et engager au mot d'ordre de son parti l'attaque contre Concini et l'autorité de la reine mère (2). A cet âge de la fougue et de l'emportement, on peut bien avoir besoin de quelques bons conseils, ce qui aurait même été nécessaire au duc dans un âge plus avancé ; car à côté de ses actes de bravoure à l'armée, il s'est trop souvent trouvé mêlé aux cabales qui ont troublé l'Etat sous Louis XIII et sous Louis XIV.

Il ne fut réellement heureux qu'après avoir renoncé aux affaires publiques et aux intrigues dans lesquelles il était poussé par la duchesse, sa femme. Il mourut à Rouen, en 1663, entouré d'amis dévoués.

Le Cardinal de Retz dit que M. de Longueville avait de l'agrément, de la vivacité, de la libéralité, de la valeur et de la grandeur, mais qu'il ne fut jamais qu'un

(1) *Chants oraculeux*, 1627.

(2) Le duc de Longueville ne pouvait pardonner au Maréchal d'Ancre de posséder les places de son gouvernement (*Journal d'un Bourgeois de Gisors*, p. 26).

homme médiocre, parce qu'il eut toujours des idées infiniment au-dessus de sa capacité.

Tel était celui dans lequel la bourgeoisie picarde avait placé sa confiance et son affection, aussi bien en souvenir des services rendus par ses aïeux, que dans l'espoir sans doute d'obtenir de lui de nouvelles faveurs, et, il faut bien le dire aussi, à cause de la haine qu'elle avait pour la politique de Concini.

Cependant, si affectionnée que fût en général cette bourgeoisie à M. de Longueville, il y avait parmi elle des partisans du marquis d'Ancre, qui ne manquaient pas d'informer ce dernier de tout ce qui se faisait contre lui et des railleries dont il était l'objet (Pagès, tome IV, p. 321).

Le nouveau gouverneur fit son entrée solennelle le dimanche 13 août 1611 à Amiens, où la noblesse vint le trouver, « sous l'esvent de la fortune, plus que pour amour de lui, » comme il le confessait lui-même. La réception fut fort belle ; Concini était descendu chez le premier échevin, François le Sénéchal. Le chapitre lui présenta six pains et six *quênes* de vin (Voir aux pièces justificatives).

Dès 1610, ainsi qu'il est dit plus haut, Concini avait fait l'acquisition du marquisat d'Ancre, ou Encre, qui était considérable. et comprenait : Bray, La Neuville-les-Bray, Méaulte, Bouzincourt, Beaumont-Hamel, Mametz, Miraumont, Pys, Irles, Grancourt, La Boisville, en partie, Fricourt, etc. (1).

(1) Lors de l'inventaire fait après l'arrestation de la Maréchale, on a trouvé dans son logement, au Louvre, les titres d'acquisition du

Après avoir pris possession de ses domaines, le nouveau seigneur fit exécuter à Ancre, particulièrement, des améliorations qui lui valurent la reconnaissance des habitants ; les plus importantes de ces améliorations étaient : le détournement de la rivière, le bon état des routes, l'établissement des moulins et de la cascade qui attire encore aujourd'hui les visiteurs. On doit aussi à Concini divers bienfaits particuliers. Le tout est établi par des écrits dont quelques-uns font encore partie des archives de M. le baron Lefebvre. C'est à l'époque de la nomination de ce dernier aux fonctions de maire de la ville, qu'il fut de nouveau question de rendre à l'ancien nom d'Ancre cette petite cité, qui était fière de l'avoir longtemps porté; ce nom était d'ailleurs consacré par de nombreux souvenirs historiques, notamment par des titres du ixe siècle et sa charte de commune datant de 1178.

Le Maréchal-gouverneur eut pour lieutenants dans la ville : Rouillac, François de Mouchy, seigneur de Longueval, et dans la citadelle : du Thiers, Hautecloque, Nérestan et de Riberpré (1).

Pendant la période d'anarchie entre les princes et la régente, le Maréchal d'Ancre sut maintenir l'ordre dans l'étendue de son gouvernement. Le 28 avril 1614, aidé par le corps de ville, il réprima avec ses troupes une émeute populaire survenue dans Amiens

Marquisat d'Ancre et un registre de la consistance et des fiefs de ce domaine.

(1) Ce lieutenant qui, dans la suite, devint infidèle à Concini (1615), descendait des anciens seigneurs de Mouy (Voy. p. 25).

à l'occasion de la sortie des blés ; il apaisa rapidement
le tumulte. Il rendit encore d'autres services et se fit
quelques amis, comme on le verra plus loin. Jusqu'en
1614, aucun reproche ne s'éleva contre son administration : « tout se passa paisiblement, » dit Jean
Patte (1).

Plus tard, il ne cessa de lutter contre la coalition des
princes, qui agitaient sourdement la Picardie et en
particulier Amiens, où ils avaient des partisans. Les
intrigues du duc de Longueville étaient dirigées surtout
contre le Maréchal d'Ancre, à cause de son ardent dé-
vouement pour la reine, et son refus de servir alors
les intérêts princiers, à cause surtout de sa forte position dans la citadelle, qui était fort enviée par le duc.

Le Maréchal se voyant, par suite de ces intrigues, menacé dans son gouvernement, fit renforcer les gardes,
et rechercher par la ville les armes de ceux qui con-
spiraient contre la reine et contre lui (2). De là vint un
grand mécontentement de ces derniers, qui ne ces-
saient d'exciter la population contre le favori de la

(1) Chroniqueur Amiénois, dont le *Journal* a été publié dans les
Mémoires de la Société des Antiquaires de Picardie. 1853

(2) Voyez : 1º *Défense de porter les armes sans passe-port de sa Majesté*, écrit publié en 1614 ; 2º *Réglement établi par l'assemblée échevinale pour la garde de la Ville d'Amiens*, le 21 juillet 1615, d'accord
avec M. de Longueval, lieutenant du Maréchal d'Ancre.

Par une dépêche aux Amiénois du 25........ 1614, la reine exprime
l'espoir que le duc de Longueville, à l'avenir, cessera ses déporte-
ments (Archives de la Ville, cotées *D.* 12).

La date de cette dépêche doit être postérieure au 19 mai 1614,
époque à laquelle eut lieu le traité de Pacification signé à Sainte-
Menehould.

reine-mère. Concini, qui s'était d'abord proposé, dit-il, de traiter les habitants d'Amiens avec douceur, ayant reconnu les caresses inutiles, et voyant qu'il avait affaire à des adversaires politiques, voulut les gouverner *avec la verge de fer*, ce qui augmenta la haine du parti hostile.

Les cabales contre le Maréchal d'Ancre étaient ardentes et variées ; divers auteurs en ont fait le récit, que l'on trouve, notamment, dans les *Mémoires de la régence de Marie de Médicis, Paris. Barbin*, 1666.

D'un autre côté, l'agitation du prince de Condé aggravait la situation, tellement que la reine crut devoir écrire à ce sujet une lettre aux Echevins d'Amiens, le 14 février 1614, pour leur recommander de bien garder la ville et d'obéir à M. Cressy de Longueval, lieutenant de Concini.

Il résultait de cet état de choses que, à la moindre alerte, Concini était obligé de se rendre à Amiens, dont le climat ne lui était pas favorable, car il y fut pris plusieurs fois de douleurs sciatiques très aiguës.

Malgré tout, il se plaisait en ce pays, y reçut plusieurs fois le marquis de Cœuvres, le marquis d'Harcourt et plusieurs autres personnages de ses amis; il songea même, dans un moment, à cause, disait-il, de l'humeur fâcheuse de sa femme, à se fixer dans Amiens, comme il en manifesta l'intention à M. de Cœuvres (1).

C'est à Amiens que ce dernier avait apporté au

(1) *Mesmoires d'Estat.*

Marquis d'Ancre la nouvelle de l'accueil favorable qui avait été fait par le Comte de Soissons (Charles de Bourbon, grand maître de France) à un projet d'alliance entre le fils de Concini et la fille du comte (1).

Le Marquis de Cœuvres reçut à ce sujet, pendant les quatre jours qu'il resta à Amiens, les marques de joie les plus vives de la part du Marquis d'Ancre.

Les intrigues des adversaires du favori firent échouer ce projet, comme elles mirent à néant d'autres entreprises du Maréchal.

Une grande perte pour lui, dans ce temps là, fut celle du Baron de Luz, attaché d'abord à la maison de Guise, et ensuite l'un des agents les plus actifs du Maréchal. Il fut tué dans un guet-apens, par le chevalier de Guise, à l'entrée de la rue de Grenelle, le 3 janvier 1613.

(1) C'est sans doute par erreur que d'Aubigné prétend que c'est avec la fille de M. de Longueville que le mariage avait été projeté.

CHAPITRE II.

Peu de temps après son arrivée à Amiens, Concini comprit que la citadelle serait le meilleur appui du pouvoir de la régente vis-à-vis des princes ligués contre elle, et, par suite, de sa propre force dans la lutte qu'il prévoyait bien avoir à soutenir ; aussi chercha-t-il non seulement à mettre la forteresse en état, mais aussi à y placer une garnison dévouée. Bien lui en prit, ainsi qu'on va le voir (1).

Le duc de Longueville avait atteint ses 18 ans ; voulant prendre possession de son gouvernement de Picardie, il se rendit à Amiens le samedi 9 août 1614, accompagné d'un grand nombre de nobles personnages ; le comte de Saint-Pol, son oncle, arriva le lendemain.

Le 25 septembre, il y eut dîner et réception à l'Hô-

(1) Le *P. Daire* dit dans son *Histoire d'Amiens*, tome 1er, p. 489 : « Le marquis d'Ancre voulait se faire de la citadelle un asile contre les effets de l'inimitié des princes ligués contre lui. »

tel-de-Ville, et à la suite complot pour s'emparer de la citadelle. Dès le lendemain, le duc de Longueville, aidé de ses fidèles bourgeois, de la compagnie Lierreville, de 30 seigneurs et d'autres cavaliers, fit rompre les chaînes du pont Dolent et chercha à réaliser son projet ; mais cette tentative échoua complètement par l'énergie de du Thiers, lieutenant de Concini. Cet officier, qui avait fait ses preuves sous Henri IV, fut vivement félicité à la Cour de sa ferme résistance. Il reçut en récompense le commandement de la compagnie des chevau-légers.

La mort de de Prouville (22 juillet 1615) ne tarda pas à fournir au duc de Longueville l'occasion d'une nouvelle tentative contre la forteresse.

Les princes, alors à Coucy, étaient d'accord avec Henri d'Orléans, et tous ils comptaient bien cette fois sur le succès de leur entreprise. Mais Concini veillait, et le roi informé mandait de ne laisser entrer le duc de Longueville dans aucune ville du gouvernement de la Picardie, donnant l'ordre de l'arrêter (1).

Pagès explique comment M. de Longueville voulut habilement profiter de l'irritation causée à Amiens par la mort de Prouville, pour attaquer la citadelle, et en chasser les Italiens. Il donne des détails fort intéressants sur cette entreprise, à laquelle devaient prendre part le maréchal de Bouillon, le duc de Mayenne, le comte de Saint-Pol. Quant au duc de Longueville lui-

(1) Lettres du roi des 31 juillet et 16 août 1615, Archives de la ville. Voy. aussi : *Ordonnance pour la garde de la ville*, du 31 juillet 1615.

même, dès le lendemain il se rendit à Amiens, pour entretenir en sa faveur ceux qu'il y croyait disposés (1).

La reine mère, avertie du complot, y para par l'envoi de Nérestan pour commander la citadelle, et M. de Longueval pour commander la ville, dans laquelle elle voulait envoyer des soldats suisses, pour en renforcer la garde ; mais comme il était question de loger ces troupes chez les habitants, ceux-ci s'en plaignirent au roi et à la reine, qui renoncèrent à ce projet, s'en rapportant à la fidélité des Amiénois, en leur enjoignant toutefois de se mettre sous le commandement de M. de Longueval, et non sous celui de M. de Longueville *(Echevinage du 18 avril 1625 et 2 août 1615).* D'un autre côté, les habitants d'Amiens, appréhendant avec assez de raison que leur ville ne servît de scène à la tragédie sanglante qui se préparait, se tenaient sur leur garde, et désiraient au fond éviter un conflit dont ils pouvaient être victimes.

En s'opposant à ces entreprises, c'étaient donc les prescriptions du roi que Concini exécutait. Nérestan, commandant la citadelle, exhiba ces ordres, ainsi que celui de faire arrêter le duc de Longueville, aux magistrats municipaux étonnés ; ceux-ci promirent de rester fidèles au roi, et même de faire opérer l'arrestation. Le duc prévenu à temps s'était retiré à Corbie. Les officiers municipaux renouvelèrent encore leur promesse de fidélité, en 1615, à Marie de Médicis qui, de son

____

(1) Toutes les forces des princes devaient se jeter sur la Picardie pour s'assurer d'Amiens ; le rendez-vous général devait se faire à Montmorency, selon le plan arrêté le 28 mai 1615.

côté, leur écrivait qu'elle espérait obtenir à l'avenir plus de satisfaction du duc de Longueville. Mais ce fut, comme on sait, un vain espoir.

Pour arriver à ses fins, le duc de Longueville usait de toutes les occasions ; il était l'instrument le plus actif des mouvements que provoquaient partout les princes mécontents et ligués contre la Cour.

De 1614 à 1616, ce ne fut que troubles, discordes et conflits, dans lesquels se trouvaient aux prises le duc et le Maréchal, ou leurs partisans. Les princes de Condé, de Longueville et autres avaient quitté la Cour dans les premiers jours de janvier 1614, sous prétexte des désordres qui s'étaient glissés dans l'Etat, depuis la mort de Henri IV, mais sans nommer Concini, qu'ils accusaient indirectement, déguisant ainsi leur but réel.

La première campagne des princes ne fut pas heureuse par les armes, mais elle se termina néanmoins par le traité du 15 mai 1614, aux termes duquel le prince de Condé et les siens obtinrent plusieurs concessions avantageuses, outre une indemnité pécuniaire de 450,000 livres, pour leurs frais d'armements, l'approbation de la levée de deniers faite par eux, et comme gage le dépôt de plusieurs places fortes (1).

(1) Ce traité fut nommé par Sully *la Paix maloîrue*.

Après la paix de Sainte-Menehould (15 mai 1614), on publia : *Remerciements à la reine régente, mère du roy, par ces bons François pour la bienvenue de la paix, à Lyon, par Jean Poyet, 1614, petit in 8°*.

Pour certains détails sur la première guerre civile, à laquelle le traité de Sainte-Menehould mit fin, voyez : 1° *Lettre de convocation des Etats-Généraux à Sens, 8 juin 1614.*

La réconciliation ne fut pas de longue durée, car l'ambition des princes n'était pas encore satisfaite. Dès le mois de juillet 1615, le prince de Condé suscita une nouvelle guerre civile, dont nous parlerons dans le chapitre suivant.

Revenons aux griefs imputés à Concini, en Picardie.

Les chroniqueurs racontent comme il suit une aventure arrivée à M. Fermenbrun, peu de temps avant la prise d'armes dont il sera question plus loin,

« Le Maréchal d'Ancre ayant donné l'ordre au grand prévost d'Amiens d'arrêter M. Fermenbrun, à cause des levées de troupes qu'il faisait pour les princes, ce prévost laissa échapper le délinquant ; ce qu'ayant su, Concini voulut faire pendre le prévost à une potence qu'il fit dresser dans la citadelle ; puis, sur les instances les plus vives des gentilshommes qui entouraient le Maréchal, cet homme fut gracié ; mais il avait eu une telle frayeur qu'il en fit une longue maladie, et devait bientôt périr autrement. Le bourreau ne fut pas moins épouvanté, car en arrivant dans

2° *Lettre de Monseigneur le cardinal du Perron à Monseigneur le prince, à Lyon, par Jacques Mallet*, 1614, 7 p. in-12.

3° *Le Vieux Gaulois à MM. les princes, Paris, Jean le Bègue*, 1614. 28 pp. in-12. Écrits forts curieux, dans lesquels on fait voir les torts des princes.

Dans un autre écrit non moins curieux et fort gaillard, des marchandes se réjouissent au point de vue commercial et galant du retour à la Cour de MM. les Princes. *Discours véritable des propos tenus entre deux marchandes du Palais estant aux estuvies près Saint-Nicolas-des Champs le mardy dixiesme de juin 1614. A Paris, Du Breuil* 1614, 15 pp. in-12.

la citadelle et apercevant une potence, il crut que c'é-
tait pour l'y pendre, par vengeance de ce qu'il avait,
en exécution d'une sentence judiciaire de la ville, ac-
croché au gibet le soldat italien dont il sera parlé plus
loin. »

Il doit y avoir, selon nous, de l'exagération dans ce
récit, ne fut-ce que la peur du bourreau.

Nous ne tenons pas pour plus exact le récit fait par
Grégoire d'Essigny, d'un fait qui serait arrivé à Montdidier dans la même année.

Un habitant de cette ville, faisant orner de tentures
ses appartements pour recevoir le Maréchal, introdui-
sit ce dernier dans une pièce où se trouvait un ouvrier,
le marteau à la main ; Concini se serait cru menacé et
aurait eu peur. Ce qui aurait, dit M. d'Essigny, donné
mauvaise opinion de la bravoure du Maréchal. Cette
conclusion est aussi naïve que l'anecdote elle-même,
qui paraît peu vraisemblable, tant la crainte attribuée
au Maréchal serait ridicule.

D'après le *Courrier Picard*, satire de 16 pages in-8°,
écrite vers 1616, et bien d'autres plaintes qui se sont
fait jour depuis, on voit que le principal grief des habitants d'Amiens contre Concini était d'avoir fait à
nouveau une grande place entre la citadelle et la ville,
et d'avoir pour cela ordonné d'abattre, en 1614, plus
de 120 maisons (de la Morlière dit 200 ménages), sans
indemniser les propriétaires. Cet abatis allait jusqu'à
la rivière des Célestins, où était un pont-levis avec
corps-de-garde, en sorte que la principale porte de la
ville se trouvait enfermée dans l'avant-place de la
forteresse.

Ces maisons, dit Pagès, furent abattues avec tant de précipitation, que les habitants étaient obligés d'en sortir comme s'ils avaient été dans une ville prise d'assaut ; ils étaient accablés de chagrin et de douleur.

On conçoit bien après cela l'impopularité de Concini, lequel comprit la faute qu'il avait commise et voulut la réparer par ses libéralités, en donnant aux malheureux de nombreux secours ; mais il ne put jamais contenter tout le monde. Aussi ne cessa-t-on d'exploiter contre lui cette maladresse, jusqu'à nos jours, sans lui savoir aucun gré, sans même dire un mot de ce qu'il avait fait pour en adoucir les fâcheuses conséquences. Le *Courrier Picard*, seul, en parle ironiquement, disant que Concini « n'a donné tant d'aumônes, que pour n'avoir l'âme chargée en l'autre monde. »

30,000 fr. d'indemnité ont été accordés aux religieux Célestins, pour la maison qu'ils occupaient près de la Citadelle, avant d'occuper l'abbaye de Saint-Martin-aux-Jumeaux.

Une mesure semblable à celle qui fit tant détester Concini en 1614, avait été exécutée par ordre de Louis XI en 1470-71, sans qu'il fût dit un mot ni par les habitants des maisons atteintes, ni par qui que ce soit. Une ordonnance royale, rendue à la date qui vient d'être rappelée, décidait, en effet, à l'occasion de l'édification des fortifications d'Amiens, que toutes démolitions nécessaires pourraient être faites, sans avoir à dédommager les propriétaires. Le dommage n'était pourtant pas moins sensible, ni les intérêts moins lésés ; mais les Amiénois du xv^e

siècle s'accomodaient sans doute mieux que ceux du XVII° de la législation militaire, d'après laquelle il était permis d'agir ainsi qu'on l'a fait (1).

Dans les *Archives de Picardie* de 1841, M. Dusevel parle de la tyrannie et de l'avarice du Maréchal, et il n'en cite que deux exemples. Celui de la tyrannie n'est pas bien grave ; il s'agit tout simplement d'un ordre impérieux donné aux échevins, pour congédier le concierge du comte de Saint-Pol, ennemi person-

(1) En 1557, et lors de la construction de la citadelle, des maisons et des arbres furent aussi abattus par ordre de l'autorité, et sans que les habitants aient récriminé.

On sait avec quelle ardeur les Amiénois ont depuis lors formulé leurs vœux pour la démolition de la citadelle ; M. Bazot, dans ses dernières années, s'était constitué le champion de cette destruction, et s'il avait gagné sa cause, bien des maux eussent été épargnés à la ville pendant l'invasion prussienne. Avec quelle satisfaction n'avait-on pas accueilli la nouvelle répandue que nos terribles ennemis s'étaient chargés de faire disparaître par la mine, comme par enchantement, jusqu'au dernier vestige de cette forteresse de malheur !

Quelques jours avant le retour offensif de l'armée de Faidherbe autour d'Amiens (fin de décembre 1870), les Prussiens qui occupaient la citadelle de cette ville, firent des travaux considérables dans la place, pour la mettre en état de défense, et établirent des galeries et des fourneaux de mines d'une science incontestable. Des quantités énormes de pétrole avaient été accumulées, des tuyaux d'une immense étendue avaient été adaptés aux mines, afin de pouvoir communiquer le feu à une grande distance, dans le cas où les Prussiens, forcés par Faidherbe, auraient été obligés d'évacuer la forteresse. Ils auraient pu ainsi, en fuyant, faire sauter les fortifications et empêcher l'armée française de s'y établir.

On a retrouvé les mines pratiquées par les Prussiens à peu près intactes après leur départ ; des officiers du génie sont venus les examiner et en ont levé le plan.

nel de Concini et de la cause qu'il représentait. Ce concierge n'avait-il pas donné lieu à ce qu'il fût pris quelque mesure contre lui ?

On voit d'ailleurs par une délibération de l'échevinage d'Amiens du 13 septembre 1615 que le concierge en question, nommé la Vallée, fut mis hors la ville « avec un brevet portant : pour le service du Roy, signé du greffier de la ville, » ce qui a été, en effet, exécuté le lendemain. Cette délibération ne fait pas connaître les motifs de l'expulsion ; c'est ce qui a pu faire taxer cet acte d'injonction tyrannique.

Le deuxième cas, celui d'avarice, relatif à la démolition de la citadelle, n'est ni contesté ni contestable. L'expression d'avarice nous paraît même bénigne. Les pièces justificatives fournissent tous les détails nécessaires pour l'appréciation de cette singulière négociation, dont il va être parlé tout à l'heure.

Dans le récit des *Archives*, il y a une erreur de date : c'est le 16 avril 1616, et non 1617, que les conventions dont il s'agit furent débattues. En 1617, Concini n'était plus à Amiens (1) ; son successeur y était installé depuis le 2 août.

C'est bien en effet le 16 avril 1616 qu'eurent lieu les négociations engagées entre Concini et le corps municipal d'Amiens, au sujet de la démolition de la citadelle, comme on le verra par le texte même de la

(1) Dès le mois d'août 1616, Concini annonçait à Nérestang son arrivée en Normandie, et il avait quitté Amiens quelque temps auparavant. Il était parti le 15 août. La Maréchale était alors malade (*Cat. Charavay* de 1873).

curieuse délibération échevinale, que l'on trouvera *in extenso* parmi les pièces justificatives (1).

La lecture de ce document intéressant laisse bien voir que, n'ayant pu réussir à s'emparer de cette forteresse par la force, c'est par la flatterie et l'argent qu'on espérait faire tomber cette terrible barrière, qui avait si bien servi à Concini, pour tenir en respect ceux qui voulaient s'emparer du pouvoir dont le Maréchal était le défenseur énergique.

Il faut convenir que les marchés de cette nature, malheureusement trop fréquents, ne sont pas moins déshonorants pour ceux qui les proposent que pour ceux qui les acceptent.

Le Maréchal, dans sa lettre de démission, offrait au roi et à la reine mère de *razer* lui-même la citadelle, ou bien de la remettre entre les mains de celui à qui S. M. l'ordonnerait.

La crainte de voir la citadelle entre les mains de son plus cruel ennemi avait certainement contribué, autant que l'appât de l'indemnité pécuniaire promise par la ville, à donner à Concini lui-même le désir sincère d'obtenir la démolition de cette forteresse. On en trouve la preuve dans une lettre confidentielle qu'il écrivait à Bassompierre, et dans laquelle il lui témoignait combien il lui était pénible de quitter « son établissement de Picardie, sa citadelle d'Amiens, de lais-

(1) Dans leur requête, les habitants d'Amiens se bornaient à demander la destruction des deux bastions et de la demi-lune qui regardaient la ville, et par lesquels, en cas d'alerte, ils étaient le plus directement menacés.

ser Ancre en proie à M. de Longueville, son ennemi. »

Deux fois encore nous voyons l'Echevinage Amiénois avoir recours au Maréchal comme médiateur : la
première à l'occasion de l'élection aux Etats-Généraux
de 1614, dont le Corps de ville était mécontent, parce
que le Présidial avait eu sur lui la préséance ; la
deuxième fois, ce fut au sujet de la nomination de
M. Jean de Herte, Trésorier général de France, aux
fonctions d'Echevin. Ce dernier cas paraissait grave
comme étant contraire à l'antique usage de choisir les
maires et échevins parmi les notables natifs de la ville ;
or, M. de Herte, quoique fort notable et très capable,
n'avait pas eu le bonheur de naître sur le sol Amiénois,
c'est pourquoi les magistrats municipaux réclamaient
contre sa nomination. En conséquence, dans son assemblée du 13 septembre 1614, l'Echevinage décida
que le Maréchal d'Ancre serait informé de la difficulté
et prié de s'entremettre pour la résoudre. Mais M. de
Herte trancha lui-même le débat, en refusant d'entrer
en charge et de prêter serment.

CHAPITRE III.

EXPLOITS MILITAIRES

Prises d'armes. — Campagnes. — Combats. — Défaite des Princes.
— Confirmation par Louis XIII des pouvoirs du Maréchal. —
Vexations. — Rixes, — La milice amiénoise. — Paix avec les
Princes. — Démission de Concini. — Son remplacement.

Ainsi qu'on l'a dit dans le chapitre précédent, le prince de Condé entra de nouveau en rébellion en juillet 1615 : c'est ce qu'on a appelé la deuxième guerre civile. Cette nouvelle prise d'armes fut suivie d'un manifeste du roi contre le Prince et ses adhérents, 10 septembre 1615, et d'un arrêt du Parlement du 18 du même mois, constatant la rebellion et le crime de lèse-majesté. Ce qui n'empêche d'Aubigné, enrôlé dans le parti des princes, de dire que cette guerre est faite pour soustraire le roi à la domination du Maréchal.

En exécution des ordres du roi, et pour maintenir les princes dans l'obéissance, Concini faisait bonne garde et plaçait ses troupes sur les points menacés ; mais ces troupes n'étaient pas toujours bien accueillies par les populations, divisées d'opinion.

En 1615, les Péronnais refusèrent leurs portes aux

troupes Wallonnes et Italiennes que le Maréchal y envoyait, ce qui irrita fortement ce dernier, et lui fit prendre quelques mesures sévères, malgré l'opposition des citoyens Gonnet, de Haussy et Levasseur.

Cette occupation d'une place très forte déplaisait grandement au parti des Princes, et on fit courir le bruit dans le camp de ces derniers que le Maréchal y avait fait transporter son or et son argent.

C'était un appât assez tentant, à lui seul, pour exciter les troupes à reprendre cette forteresse. Toutefois, un autre motif encore engageait le duc de Longueville à faire cette entreprise, c'est qu'il comptait sur les intelligences qu'il avait dans la place, en sorte que, vers le 27 août 1616, ce prince parvint à son tour à se rendre maître de Péronne. Voici comment le chroniqueur Jean Patte raconte les faits :

« Monseigneur le duc de Longueville, étant à Abbeville, fut mandé par les habitants de Péronne pour les secourir à l'encontre du marquis d'Ancre dont les troupes estoient dans le chasteau de ladite ville, lesquelles les vouloient gourmander. Là où estant, il fait rendre ledit chasteau et fait sortir ladite garnison au grand contentement de toute la Picardie, saouf aucuns affectionnés du party du marquis. Dencre. » (*Mémoires de la Société des Antiquaires de Picardie*, tome 29, page 365) (1).

(1) Le duc de Longueville rendit Péronne au roi comme gage de sa soumission au souverain, peu de temps après l'arrestation de Condé. C'est seulement à partir de cette époque (28 octobre 1616), que Louis XIII voulut que le duc fût reçu et obéi comme il conve-

Il est bon de rappeler ici que les bourgeois de Péronne s'étaient montrés hostiles à Concini, dès son arrivée, prétendant avoir à se plaindre des mesures qu'il avait prises de concert avec ses lieutenants. Mais s'il avait là des ennemis, il y trouvait aussi des défenseurs, au point que le chanoine de Sachy s'en montre courroucé, un jour notamment que M. de Tassart (1) et une dame attachée à sa maison avaient pris un peu trop chaleureusement le parti de Concini. Quelques bourgeois excités par MM. Levasseur, de Haussy et autres, voulaient repousser les soldats du gouverneur, lorsque M. Tassart s'écria : « Qu'on me donne cinquante mousquetaires, et j'aurai bientôt coupé les oreilles à ces marauds; » voilà une simple bravade. Mais lorsque la compagne du seigneur de Belloy demanda qu'on *abandonne la ville et les bourgeoises au Maréchal, pour en faire ce qu'il voudra*, c'est une « insolence, » s'écrie-t-il, halte-là ! l'honneur était en jeu.

Les habitants de **Roye**, voyant leur forteresse occupée par les troupes du Maréchal, n'ont pas montré contre elles la même hostilité que les Péronnais. Concini écrit à cette occasion à MM. d'Amy, de Montebene, Arnauld et aux capitaines étant dans la ville de Roye, qu'il remercie Dieu de ce qu'ils sont dans cette place pour la défendre, et annonce qu'il envoie M. *Né-*

nait à sa dignité dans les villes et places de son gouvernement de Picardie (Lettre aux bourgeois, archives de la ville).

(1) Jean de Tassart était seigneur de Belloy-en-Santerre, dès 1565.

restang à leur secours (Lettre autog. de la collection Fillon, catal. Charavay).

Dans le cours de l'année 1615, Lefort de Fermembrun, seigneur d'Allery-sous-Airaines, l'un des partisans du duc de Longueville, et remis de sa frayeur, amassa des armes dans le château d'Allery et les fit passer au Duc, qui s'était retiré à Corbie (1). Le Maréchal d'Ancre, informé par les officiers municipaux d'Abbeville des menées de ce partisan, envoya des cavaliers pour le prendre ; mais il était absent. Fermembrun, voyant ses projets découverts, résolut de se rendre lui-même à Corbie, de piller et livrer aux flammes, avant son départ, toutes les fermes de ses dénonciateurs. Il se mit en campagne le 1er octobre, avec une soixantaine d'hommes, sans savoir que dès le 18 septembre le Maréchal d'Ancre avait averti le maire d'Abbeville de ce mauvais dessein.

Attaqué près du bois d'Hallencourt, Fermembrun périt dans le combat. Après cet exploit, Concini, le 10 octobre 1615, chercha à s'emparer d'Abbeville par surprise, afin d'empêcher le duc de Longueville de s'y établir ; mais il ne put réussir, et chercha à déguiser le but de son entreprise, en disant que les armes et munitions qu'il avait dirigées sur Abbeville étaient destinées au marquis de Portos, qui venait de quitter Oisemont avec son régiment. Mais comme ce dernier

(1) Les princes ligués contre le Maréchal d'Ancre avaient fait de Corbie leur place d'armes ; mais ils ne purent la défendre et furent chassés par le Maréchal.

devait précisément tenir garnison à Abbeville, on supposa à tort ou à raison qu'il était complice du Maréchal. Les Abbevillois se décidèrent ensuite à ouvrir leurs portes au duc de Longueville, qui fut accueilli avec joie (1), répudiant ainsi le Maréchal d'Ancre, qu'ils avaient précédemment appelé à leur secours et qui les avait délivrés de Fermembrun.

Alors le roi, n'ayant pu encore soumettre les princes et leurs partisans, soutenait toujours le Maréchal, dont il avait besoin, comme le prouvent sa correspondance et les faits suivants.

Louis XIII écrivait aux Amiénois, dès le 7 août 1615 (2), pour leur recommander d'obéir aux ordres qui leur seraient donnés en son nom par le Maréchal d'Ancre, afin d'assurer la tranquillité, qui pourrait être troublée par les cabales des *mécontents*, les ducs de Longueville et de Mayenne, le comte de Saint-Pol, et le maréchal de *Bullion* (Bouillon), qui avaient refusé d'accompagner ce monarque (parti le 19 août 1615). Ce qui lui donnait, disait-il, sujet d'entrer en défiance de leurs intentions.

(1) *Histoire d'Abbeville*, par Louandre.

(2) Le roi était majeur légalement depuis le 2 octobre 1614, mais de fait encore en tutelle, comme le prouvent les paroles du jeune monarque prononcées par lui au lit de justice tenu pour la déclaration de sa majorité :

« A la Reine : Madame, je vous remercie de tant de peines que vous avez prises pour moi ; je vous prie de continuer de gouverner et commander comme vous avez fait par ci-devant. Je veux et j'entends que vous soyez obéie en tout et partout, et qu'après moi vous soyez chef de mon conseil. »

Ces instructions furent confirmées par une autre lettre postérieure, du 16 août, où les témoignages de confiance vis-à-vis de Concini sont des plus précis : le roi voulait, disait-il, maintenir l'autorité de « son cousin le Maréchal d'Ancre, » s'en remettant à lui pour toute information (1). Ce qu'il répétait encore après la paix de Loudun, le 4 mai 1616, dans une troisième lettre.

Le Maréchal rendit alors à Louis XIII et à la cause nationale un service signalé. Les princes ayant voulu, comme nous venons de le dire, profiter de l'absence de ce dernier pour prendre les armes, sous le prétexte de chasser Concini, mais en réalité pour conquérir le pouvoir, avaient réuni un corps d'armée à Noyon et sur les bords de l'Oise, jusqu'à Creil et à Clermont, dont ils s'étaient emparés ; Concini leva des troupes à ses frais, vint faire le siège de cette dernière ville, qui se rendit à composition, après avoir souffert le bombardement (29 octobre 1615). Auparavant, le Maréchal avait bloqué la ville de Corbie tenue par le parti des princes ; et pour obtenir ce résultat, il fit construire deux forts aux environs de cette place, et y logea son infanterie étrangère avec quelques compagnies de cavalerie, pour empêcher les courses de la garnison. Corbie fut secouru par Concini en personne, avec la cavalerie et l'infanterie qui étaient à Villers-Bretonneux (Lettres à M. de Nérestang). La défaite

(1) Remerciant les Amiénois du concours qu'ils avaient donné au gouverneur, le roi leur écrivait : « Mes amis, ce n'est pas assez d'avoir bien fait, il faut continuer. »

de Clermont et de Presles, et celles subies par Condé
à Montdidier et ailleurs, devaient amener bientôt les
princes à faire leur soumission. Ce qui eut lieu en
effet à la suite de l'assemblée de Loudun (Publication de la paix du 2 mai 1616 (1).

Dans cette entreprise militaire, le Maréchal d'Ancre,
aidé de bons capitaines, avait pu vaincre avec le seul
concours de ses soldats (2), dirigeant les mouvements
de troupe, surveillant ceux de l'ennemi (3), soutenant
toujours la France comme si elle avait été sa patrie, dit
Voltaire. Le roi le sentait si bien que, dans sa lettre
du 4 mai 1616, il recommandait, — même après la
paix conclue, et dans laquelle il avait peut-être peu de
confiance, — de faire bonne garde, et d'attendre pour

(1) Voy. Articles du traité de Loudun du 6 mai, accordant 1,500
mille livres à Condé. Cette paix fut célébrée par divers écrits, dont
l'un était intitulé : *Prosopopée de l'assemblée de Loudun aux pieds du
roy*. s. l. n. d. in-8°.

(2) Pagès raconte, à propos des événements cités plus haut, que
le 22 octobre 1615, lorsque l'on fit commandement aux bourgeois
des compagnies privilégiées d'Amiens de conduire du canon à Clermont, cet ordre causa bien des plaintes et des lamentations parmi
les femmes de ces bourgeois. Si l'on avait trouvé alors, dit-il, des
marchands pour acheter les places de ces compagnies privilégiées,
on les aurait eues à bon marché; le lendemain on renvoya ces bourgeois, et leur retour causa autant de joie à leurs épouses que leur
départ leur avait causé de larmes. Le chroniqueur ne dit pas si
c'est à Concini que ces dames devaient leur bonheur inespéré. Mais,
malgré la malicieuse remarque de Pagès, on peut croire que les
bourgeois d'Amiens auraient fait leur devoir au siège de Clermont,
s'ils y avaient eu part.

(3) Voy. Correspondance manuscrite, chapitre VII. Lettres à l'é-
vêque de Luçon, à Nérestang.

2

se relâcher les ordres du Maréchal d'Ancre. La précaution était sage, car le prince de Condé, rentré à la
Cour le 20 juillet 1616, avec une grande autorité, ne
cessait pas néanmoins de cabaler jusqu'au moment de
son arrestation, ainsi qu'on le verra plus loin (1).

D'un autre côté, le duc de Longueville, avant sa seconde prise d'armes, n'épargnait pas au maréchal les
vexations personnelles, [qui s'ajoutaient au reste. Le
duc avait imaginé, entre autres choses, d'organiser un
tir dit au *Faquin*, mannequin représentant le Maréchal, sur lequel le duc et sa suite s'exerçaient à tirer.
Cela se passait pendant le carnaval de 1615, sur une
terrasse qui se trouvait entre l'église des Augustins et
celle de l'Oratoire. Pagès raconte à ce sujet que quelques bourgeois indiscrets et babillards dirent en effet
que la tête du faquin que l'on courait était celle du Maréchal, et que plusieurs autres bourgeois, encore plus
imprudents, allèrent, pour faire leur cour, rapporter
cela au lieutenant de Concini, qui envoya chercher
M. Pingré, premier échevin, pour se plaindre et faire
cesser de telles railleries. L'adjoint promit qu'il en
serait fait telle justice que de raison ; mais il ne tint
pas parole, ce qui a pu occasionner certaines petites
vengeances particulières, telle qu'une tentative de
violation de domicile le 15 avril 1615, par quelques
soldats italiens. Les monitoires publiés pour avoir ré-

(1) Pièce justificative *C*. L'autorité que Condé avait prise à la
Cour était telle, que la reine-mère disait de lui à Bassompierre
« Voilà bien maintenant le roi de France, mais sa royauté durera
comme celle de la fève. » Le lendemain Condé fut arrêté.

vélation des coupables de cet attentat n'ont donné aucun résultat.

Les attaques dont il vient d'être parlé n'étaient pas de nature à calmer le Maréchal, qui, devenu furieux contre ses ennemis, éclata en menaces et mit des garnisons chez ceux qui étaient soupçonnés ou denoncés, et c'est peut-être ce que l'on voulut faire chez M. Pingré.

Le 29 juin 1616, jour de la fête de Saint-Pierre, il s'éleva entre des soldats et des habitants une querelle assez grave pour nécessiter l'envoi à Amiens de M. de Boissy, chargé par le roi de faire une information. Les conclusions de son rapport n'étaient pas en faveur des soldats, ainsi que nous le verrons plus loin.

Le Maréchal, poussé à bout, se résolut enfin à donner sa démission, tout en restant attaché à la défense de la cause royale.

Le remplacement de Concini et l'arrivée de son successeur, Raoul de Rohan, duc de Montbazon, le 2 août 1616, eurent lieu au grand contentement des bourgeois de la ville, sauf bien entendu de ceux qui étaient encore attachés au Maréchal, ainsi que le fait observer Jean Patte. Il était soutenu surtout par les seigneurs d'Aplaincourt, de Caumesnil, de Coisy et bien d'autres. La population était fatiguée de toutes ces querelles d'ambition et était restée spectatrice de la lutte.

La ville d'Amiens avait été avertie par une lettre de Louis XIII, du 1er août 1616, de la retraite du Maréchal d'Ancre, et de son remplacement par Hercule de Rohan, duc de Montbazon, nommé le 23 juillet 1616.

« De par le Roy.

« Chers et bien amez, nostre cousin le Maréchal d'Ancre, s'estant démis volontairement entre nos mains des charges qu'il avait, tant de notre lieutenance généralle en nostre Province de Picardie, que des capitainerie et gouvernement de noz ville et citadelle d'Amyens, nous avons eu soing de remplir l'une et l'autre de personnes de la qualité et condition que la dignité et l'importance d'icelles requiert... »

« A nos chers et bien amez les premier échevin, et autres eschevins, manans et habitants de nostre ville d'Amyens. »

Le duc de Montbazon avait marié sa fille au duc de Luynes, auquel échut, en 1820, le Gouvernement de Picardie, par suite du départ du duc de Longueville, envoyé en Normandie, poste moins recherché que ne l'était celui d'Amiens.

Quant au poste de Bailly, il fut conféré à Antoine de Conigan, chevalier, seigneur de Cangé, lieutenant de Montbazon, par lettres du 27 juin 1617, enregistrées le 21 août (1). Et le 22 octobre 1619 le duc de Luynes en fut pourvu à sa place.

(1) On lit dans le registre aux chartes du Bailliage d'Amiens : « Le 20 septembre 1617, Antoine de Conigan, chevalier, gentilhomme ordinaire de la Chambre, nommé Bailly par suite de la forfaicture du Maréchal d'Ancre, prend possession et tient ses premiers plaids. »

Après les événements relatifs au remplacement du Maréchal d'Ancre, qui se passaient à Amiens, Marie de Médicis amena Louis XIII à faire ce qu'on a appelé un coup d'Etat ; elle fit mettre en arrestation, le 1er septembre 1616, le prince de Condé, de nouveau révolté (1), renversait le parti qui lui était opposé, et devenait ainsi complètement maîtresse du pouvoir que son fils n'exerçait que faiblement. Les Princes, sauf le duc de Nevers (2), ayant fait ensuite leur soumission au roi, la réconciliation se fit avec le duc de Longueville, l'un des premiers, ce dont les Amiénois furent informés par la lettre d'octobre 1616, précitée, où il était prescrit d'avoir pour le duc l'obéissance qui lui était due dans son gouvernement de Picardie.

Le coup hardi de l'arrestation du prince de Condé (3), concerté entre la reine, Richelieu, les Concini, et même de Luynes, accepté par le roi alors irrité contre les princes, devait inaugurer une nouvelle politique, lorsque le Maréchal fut renversé par une intrigue de cour, dit Michelet.

Cette intrigue est très bien dévoilée dans un drame intitulé : *La Florentine*, qui sera analysé plus loin.

(1) Voy. la déclaration sur l'arrestation du Prince de Condé, pièce justificative C.

(2) Le duc de Nevers ne fit sa soumission au roi qu'après l'assassinat de Concini. C'est seulement alors que la ville de Soissons ouvrit ses portes au souverain.

(8) La déclaration du roi, du 5 septembre 1616, sur l'arrestation et la détention du Prince de Condé, contient des détails fort intéressants. On trouvera le texte de cette déclaration parmi les pièces justificatives.

— 58 —

La cause royale aurait triomphé cette fois, dit M. Duruy, si le roi ne s'était uni aux mécontents. Il semblait en effet que Louis XIII, reconnaissant envers Concini, devait, sinon le conserver au pouvoir (1), du moins le protéger contre les Princes et contre de Luynes lui-même. Mais c'est le contraire qui eut lieu, et le nouveau favori l'emporta.

Le Maréchal, d'ailleurs, ne s'y était pas trompé ; il avait été assez pénétrant pour prévoir un changement de fortune ; mais il ne fut pas assez fort pour se soustraire à l'empire de sa femme. « Les trésors et les honneurs répandus sur elle avec profusion, dans une cour où elle jouissait de la plus haute faveur, ne servirent qu'à la précipiter plus promptement, avec son mari, du faîte des grandeurs dans l'abîme du malheur (2). »

(1) Il parait certain pourtant que dans un moment il était sérieusement question d'affermir l'autorité du Maréchal d'Ancre ; c'est du moins ce que dit M. du Plessy-Mornay, dans sa correspondance avec la duchesse de la Trémoille. « On veut voir, croit-on, le Maréchal d'Ancre plus establi. » Cela serait arrivé par une composition avec les Princes qui auraient été mieux traités, » selon l'expression de M. d'Epernon. Le nonce du pape était aussi partisan de ce projet d'entente et de paix (Lettre datée de Saumur du 24 février 1617, écrite par du Plessy et publiée dans le *Bulletin du Bibliophile* de 1877, p. 5).

(2) *Mémoires de Bassompierre.* En ce qui concerne les sommes considérables qu'Eléonore sollicitait, voir un recueil intitulé : *Rôle des placets présenté à la reine régente du 1er avril au 16 mai 1613,* renfermant les placets de la Maréchale d'Ancre (*Bulletin du Bibliophile,* de 1855, p. 21 et sv).

En politique, le point difficile est de se maintenir au pouvoir. Combien d'habiles gens n'ont-ils pas à ce jeu perdu la partie ?

CHAPITRE IV.

———

D'après l'ordre chronologique des faits, nous aurions
dû parler plus tôt du meurtre de Prouville; mais les
détails et documents relatifs à cet événement se rapportant en même temps à tous les actes du Maréchal,
nous avons préféré les grouper sous le présent chapitre.

Sous le titre de *Meurtre du pont Dolent* (1), M. A.
Janvier a retracé l'histoire qui nous occupe, dont il
avait déjà entretenu la société des Antiquaires de Picardie, dans un récit intitulé *Meurtre de Prouville*
(Tome 8 des Mémoires, 1861).

Voici sur ce sujet diverses versions tirées de témoi-
gnagnes contemporains du meurtre. Cet accident s'en-
chaîne à des événements qu'il est bon de rappeler
pour l'intelligence des faits.

Le dimanche des Rameaux de l'année 1615, un soldat de la citadelle d'Amiens, ayant donné un chapelet

(1) *Récits picards, procès célèbres, exécutions capitales, Amiens, Cail-
laux*, 1869, in-8°.

à parfumer à un apothicaire de la rue des Vergeaux, accusa celui-ci de lui en avoir détaché une dizaine de grains. Le garçon auquel il s'adressait lui répondit fièrement que maître Lebel, son patron, était incapable d'une pareille indélicatesse. Une discussion violente s'engage, et le soldat blesse d'un coup de coutelas son interlocuteur à la tête. Les bourgeois qui s'étaient assemblés livrent le coupable à la justice, et quelques jours après le meurtrier était pendu, encore bien qu'il n'eût fait qu'une blessure légère et qu'il manifestât les plus grands regrets de sa vilaine action, regrets que n'ont pas tous les criminels ; mais la justice avait cru nécessaire de punir d'une manière exemplaire cet attentat à la vie d'un citoyen.

Cette exécution ne fit qu'irriter les soldats Italiens qui tenaient garnison dans la citadelle, et il paraît qu'ils résolurent de s'en venger sur le sergent-major de la place, coupable à leurs yeux d'avoir poussé à la répression du crime.

On sait combien était grande à cette époque l'animosité entre les partisans de Concini et ceux du duc de Longueville, les uns prenant le parti des princes, les autres celui de la régente Marie de Médicis. Les ambitieux du pouvoir étaient en continuelle effervescence.

Les bourgeois Amiénois étaient en général avec le duc de Longueville contre Concini ; mais celui-ci tenait bon avec ses soldats et ses partisans, et il paraît qu'il traitait certains bourgeois de la ville en ennemis politiques et avec peu de ménagements.

Le 22 juillet 1615, le sergent-major de la citadelle d'Amiens, gentilhomme picard, sieur de Prouville et de Hangard, ayant de beaux états de service sous Henri IV, s'étant distingué notamment lors du siége d'Amiens, fût poignardé par un nommé Alphonse, soldat italien, faisant partie de la garde de la citadelle.

Les ennemis du Maréchal, encore bien que ce dernier fût alors absent d'Amiens, ne manquèrent pas de faire remonter jusqu'à lui la responsabilité de ce nouveau crime. Concini devait avoir de l'animosité contre Prouville, parce que ce dernier s'était refusé à servir sa cause et son parti ; donc Concini avait dû le faire poignarder. C'était, à défaut d'autres, un motif d'accusation bien vite trouvé ; et ce qui contribua encore à l'accréditer, c'est que Hautecloque, lieutenant de Concini, gagna la Flandre avec le meurtrier.

Prouville laissait des enfants et une veuve, Marie Bochart de Champagny, veuve en premières noces de Guillaume de Gomer, seigneur de Cuignières.

Trois jours après l'assassinat de Prouville, le roi adressa à Amiens une lettre ainsi conçue :

« De par le Roy.

« Chers et bien amez, ayant esté advertis de l'assasinat qui a esté commis en la personne du sieur de Prouville, sergent-major en nostre ville d'Amyens, nous en avons esté marris pour la perte que nous avons faicte en luy d'un bon serviteur, et avons ordonné que la punition s'en face promptement, aussi sévère et exemplaire qu'un si méchant acte mérite, de sorte que l'effect s'en suivra plus tost ; et cependant, comme nous entendons qu'il ne soit rien innové en nostre dicte ville et que toutes choses y demeurent en l'estat accoustumé sans aucun changement, les formes ordinaires sont ordonnées. Donné à Paris le xxv° jour de Juillet 1615.

Signé : Louis.

A côté des vagues accusations dirigées contre le Maréchal, une voix favorable s'est fait entendre à l'enquête ; mais aucun historien picard n'en a parlé, encore bien que ce témoignage se trouve tout au long dans les pièces du procès posthume, « fait à la mémoire (1) de Concini et à la personne de son épouse (2), » procès dont il sera plus amplement question au chapitre suivant. Ce témoignage est celui de Vincent Ludovici, secrétaire du Maréchal pour la langue italienne. Selon lui, le marquis d'Ancre n'aurait pas ordonné le meurtre de Prouville, mais il manifesta seulement le désir qu'il reçût les étrivières (3).

(1) Par son ordonnance datée du bois de Vincennes le 9 mai 1617, le roi prescrit de faire le procès contre « le feu Maréchal et sa mémoire et contre sa veuve. »

Un Sr Mulard fut nommé curateur à la mémoire des époux Concini. C'est en la présence de ce dernier qu'il fut procédé aux inventaires. Deux conseillers d'Etat : Maupeou et Arnaud, et deux maîtres des requêtes, Aubry et de Bailleul, furent désignés pour suivre la procédure. Les magistrats instructeurs étaient Guillaume Deslandes et Jean Courtin.

(2) Ce procès, dit des Essarts, était nécessaire à de Luynes, afin de s'approprier les biens de son rival. Ces biens se trouvant en grande partie sur la tête de la Maréchale, il fallait avoir recours à la confiscation prononcée par le Parlement ; c'est seulement, ajoute t-il, pour satisfaire la haine publique que la Maréchale fut accusée de sortilège, afin d'avoir un prétexte de condamnation. Il en sera donné plus loin d'autres preuves.

(3) Cette déposition devait être gênante plus tard pour l'avocat

Les diverses dépositions de ce procès, amies ou en-
nemies, favorables ou non, vont nous fournir, par les
détails qu'elles contiennent, des éclaircissements intéressants sur tous les actes du Maréchal et sur ceux de
son épouse, déjà relatés dans les chapitres précé-
dents.

Antoine Montaubert, employé au grenier à sel
d'Amiens, dépose ainsi :

« Lorsque le Maréchal d'Ancre était gouverneur
d'Amiens, j'étais son secrétaire. — Selon ce qui est
parvenu à ma connaissance, le Maréchal n'a reçu du
marquis de Spinola qu'une lettre par laquelle ce seigneur lui recommandait le marquis de Bonnivet. Il en
a deux du comte de Buquoy. Il en recevait souvent
du comte de Belgioso. Il ne s'ouvrait plus librement

Didier Hérault, à l'occasion du procès civil en responsabilité et en
réparation du meurtre de Prouville ; aussi eut-il l'habileté de pour-
suivre Vincent lui-même, comme responsable et complice du crime,
au même titre que les époux Concini, que Montaubert et Hautecloque (Voy. *Mémoire ou conclusions civiles pour Marie Bochart de
Champagny, veuve en premières noces de Guillaume de Gomer, seigneur
de Cuignières, et en secondes noces de Pierre de Prouville, chevalier..... etc. Paris, Sara. 29 p. in-8°*). Ce mémoire offre beaucoup
d'intérêt dans l'exposition des faits.

Mais le Parlement crut devoir surseoir provisoirement à toute
condamnation contre Ludovici et Montaubert. La veuve de Prouville, au lieu de 150,000 livres qu'elle demandait, n'obtint que
24,000 livres, à prendre sur les biens confisqués de Concini, pour
toute réparation, dépens, dommages et intérêts, et elle en avait
dépensé plus de 20,000 en frais et avances.

Si elle avait eu une indemnité plus considérable, de Luynes, auquel appartenaient les biens confisqués, n'y aurait pas trouvé son
compte, a-t-on dit méchamment.

à personne qu'à M. Dolé (1), intendant des Finances, et qu'à Barbin, depuis la mort de celui-ci. »

Lorsqu'on demanda à Montaubert si le Maréchal, dans son gouvernement d'Amiens, s'était conduit d'une manière tyrannique, s'il avait opprimé les peuples, et s'il avait fait commettre plusieurs assassinats, tels que ceux du sieur de Prouville et d'un apothicaire d'Amiens, il répondit :

« Plusieurs choses pouvaient se faire avec plus de douceur, et cela eût tourné, je crois, à l'avantage du Maréchal. Un soldat italien, de la citadelle, donna un coup de poignard, dans la tête, à un garçon de l'apothicaire qu'il avait accusé d'avoir volé quelques grains de chapelet ; mais il fut arrêté et pendu par Jugement du Présidial.

« Quant au sieur de Prouville, *le bruit courut que le Maréchal l'avait fait assassiner* : ce qui excita une grande rumeur dans Amiens. Le meurtrier, qui était un soldat nommé *Alfonse,* fut arrêté. Il resta quatre ou cinq jours en prison, avec les fers aux pieds et aux mains, et fut ensuite enlevé pendant la nuit par Hautecloque, qui commandait dans la citadelle, et qui le mena dans les Pays-Bas. — J'en instruisis aussitôt le Maréchal, qui me témoigna détester l'action d'Hautecloque, et dit qu'il ferait tout son possible pour le trouver. Depuis, celui-ci écrivit au Maréchal : — Vous avez vous-même, Monsieur, chargé Alfonse d'assas-

(1) Louis Dolé ou Dollé, mort à la fin de 1616, était intendant des Finances, et faillit devenir chancelier de France.

siner Prouville, parce qu'il n'avait pas travaillé à empêcher la condamnation du soldat qui avait été
pendu (1). »

Dans la déposition de Louis (Ludovici) Vincent, na-
tif de Trèves, secrétaire de Concini pour la langue italienne, on lit : « La principale vue du Maréchal était
de conserver le gouvernement d'Amiens ; car il recevait avis, de plusieurs endroits, que le duc de Longueville tramait la surprise de cette citadelle.

« Il m'envoya en conséquence avertir les sieurs de
Riberpré et Hautecloque, dont l'un était son lieutenant, l'autre son enseigne, d'y avoir l'œil.

« Le Maréchal s'était d'abord proposé de traiter
ceux d'Amiens avec douceur : mais ayant reconnu les
caresses inutiles, il dit qu'il fallait les gouverner avec
la verge de fer. Cela lui ayant attiré la haine universelle, il assura que, si le peuple entreprenait contre la
citadelle, il mettrait la ville en cendres.

« Quant à ce qui regarde Prouville, je reconnus

(1) L'auteur de cette déposition assez impartiale, Antoine de
Montaubert, avant d'être sous les ordres de Concini, était grènetier,
secrétaire de François de l'Yle, seigneur de Treignel, gouverneur
des ville et citadelle d'Amiens. Il avait épousé Catherine Desnoeux,
dont il eut plusieurs enfants. On voit cette famille représentée sur
un tableau offert à la *Confrairie de Notre-Dame du Puy d'Amiens*,
dont de Montaubert était maître en 1604. Ce tableau avait pour
devise :

Puy salutaire ou s'étanche la soif.

Outre le portrait des donateurs et de leur famille, ce tableau offrait un paysage finement peint, Jésus assis sur le bord d'un puits,
conversant avec la Samaritaine. On ignore ce que cette peinture
est devenue.

que le Maréchal ne l'aimait point. Celui-ci ayant appris qu'un soldat de la citadelle, italien, avait été pendu dans Amiens, pour un assassinat commis par lui dans la personne d'un garçon apothicaire, en fut si courroucé, qu'il dit hautement qu'il ferait couper le nez et les oreilles aux juges qui l'auraient condamné. Il se plaignait de ce que Hautecloque n'avait pas empêché l'exécution, et lui en écrivit trois ou quatre lettres dictées par la colère. Hautecloque rejeta la faute sur Prouville, sergent-major de la ville. Le Maréchal dit en conséquence qu'il s'en vengerait. En effet, un ou deux jours après, le Maréchal renvoya à la citadelle d'Amiens le soldat Alfonse, et deux de ses camarades qui se trouvaient avec lui à Paris. Ayant su en même temps que le duc de Longueville formait quelque entreprise contre la place, il envoya le sieur de Meigneux, pour y loger, et le sieur d'Hoquincourt avec le vicomte de Bétancourt, pour loger auprès, en les chargeant de prier leurs amis d'assister, en cas de besoin, Hautecloque, auquel il écrivit de recevoir dans la place Meigneux, et de lui obéir, s'il arrivait quelque chose.

« Prouville fut assassiné en revenant à la ville. Le peuple accourant au meurtre, Alfonse, qui l'avait commis, et les autres se retirèrent dans la citadelle. Alfonse y fut emprisonné par ordre d'Hautecloque. Je fus envoyé à Paris, pour donner avis au Maréchal de ce qui était arrivé. Je le trouvai dans son lit, je lui remis les lettres dont j'étais chargé, et lui racontai le fait.

« Le Maréchal, entendant que Prouville avait été assassiné, se mit brusquement sur son séant, et dit :

— Ventre Saint-Paul, c'est trop ! il fallait simplement lui donner les étrivières, et non point le tuer.

« Hautecloque fit sortir Alfonse de la citadelle par la porte qui donne dans la campagne, et le mena en Flandre. Un an après, il me jura qu'il n'avait point donné commission d'assassiner Prouville, et qu'il avait même expressément défendu de lui faire aucun affront, avant que Meigneux et les autres gentilshommes fussent dans la citadelle, afin qu'ils ne fussent point accusés de complicité. »

Vincent dit encore :

« Des armes que le Maréchal a fait venir d'Allemagne dans la citadelle, il en a vendu pour soixante mille écus au duc de Montbason, et distribué une autre partie à ses soldats.

J'eus ordre, de sa part, de dire à la Maréchale et à Dolé qu'il était d'avis qu'on fît la paix avec les mécontens, et qu'on satisfît le prince de Condé, à quelque prix que ce fût (1). »

La Maréchale a déclaré ne rien savoir du meurtre de Prouville, et n'avoir pas trafiqué des charges vénales.

Richelieu dit dans ses Mémoires : « L'assassinat de Prouville fut plutôt toléré que permis par le Maréchal,

(1) Ces intéressants détails fournis par le procès de Léonora Galigaï n'avaient pas été relevés jusqu'ici. Au fond, Concini voulait la paix, et il a cherché sans doute les moyens de l'obtenir. Plus tard, nous retrouvons deux des témoins de ce procès, Vincent Ludovici et Rucellay, parmi les serviteurs et les agents les plus dévoués de Marie de Médicis, pendant son exil à Blois ; ils contribuèrent beaucoup à son évasion, en 1619.

et puis, ce ne serait pas une question peu problématique de disputer qu'un sergent-major qui a intelligence avec les ennemis de celui qui l'a mis en charge, peut être justement traité du poignard. »

Ne se sent-on pas frémir à l'idée de certaines doctrines sur le rôle possible du poignard ?

Il faut bien croire que les principes des hommes d'État étaient à peu près les mêmes à cet égard, car on voit dans les *Mémoires de Brienne* que, selon l'opinion de celui-ci, Richelieu aurait pu empêcher le meurtre de Concini, son premier protecteur, meurtre dont il avait été prévenu la nuit précédente, mais que le futur premier ministre laissa tuer son ami pour arriver plus vite au pouvoir. Puis de Brienne ajoute : Selon les règles de l'amitié et de la charité chrétienne, cette action ne peut se justifier, mais selon les maximes de Machiavel et de la politique humaine, *je la crois bonne, encore que je ne l'approuve pas.*

Pour nous, nous ne saurions admettre la légitimité de l'assassinat selon la théorie du Cardinal, auquel on prête du reste ces paroles : « Je réfléchis longtemps avant de prendre une décision, mais lorsque j'ai pris mon parti, je vais droit à mon but, je fauche tout, et je couvre tout de ma robe rouge. » Richelieu a-t-il jamais dit cela ? Il est permis d'en douter. Dans tous les cas, Concini n'a pas eu la rare audace de glorifier un pareil forfait, et de regarder le meurtre comme un droit. Au contraire, quand on lui dit que Prouville a été tué, — *Ventre Saint-Paul, c'est trop* ! — s'écrie-t-il. Cette exclamation frappante, si elle est exacte, révèle bien que le Maréchal n'aurait pas ordonné le meurtre. N'a-t-il pas aussi témoigné à Montaubert qu'il détestait l'action d'Hautecloque ? Reste donc le dire de ce dernier qui, par la lettre précitée, accusa positivement le Maréchal d'avoir chargé Alfonse d'assassiner Prouville, « parce que ce dernier n'avait pas empêché la condamnation du soldat qui avait été pendu antérieurement. »

Mais Hautecloque était-il alors de bonne foi, n'avait-il pas, après la mort de Concini, pu se tourner comme tant d'autres contre son protecteur, afin d'avoir part aux faveurs du nouveau pouvoir ?

Au surplus, si l'enquête faite par la justice d'Amiens, le jour même du crime, n'a amené, comme le dit Pagès, aucun résultat, même après avoir entendu Hautecloque, qui n'avait pas encore pris la fuite avec le meurtrier, comment pourrait-on établir aujourd'hui la culpabilité du Maréchal d'Ancre (1) ? Son innocence nous paraît probable, car nous ne connaissons dans sa vie aucune cruauté de ce genre, ni aucune preuve sérieuse contre lui en cette affaire.

Les lecteurs apprécieront eux-mêmes d'après les faits rectifiés et dégagés de toute prévention que nous

---

(1) Dans la nombreuse correspondance du Maréchal produite au procès, une seule lettre a rapport au meurtre de Prouville. Elle est du Comte Jean-Jacques de Bel-Joyeuse (18 septembre 1616), et porte que « pour beaucoup de respects, son excellence le Maréchal d'Ancre laisse aller Alphonse en Italie. » Cette vague insinuation ne pouvait avoir aucun poids aux yeux de la justice, si son intention avait été de peser de tels témoignages et de rechercher les motifs qui avaient pu les dicter.

leur mettons sous les yeux, ils porteront leur jugement sans avoir à subir les influences contemporaines
de l'événement.

CHAPITRE V.

Selon d'Aubigné, De Luynes avait tâché de s'allier
avec Concini, mais ce dernier ayant refusé de s'entendre avec celui qu'il ne considérait encore que comme
un « trop petit compagnon, » il s'en suivit une haine
implacable entre ces deux hommes. Dès lors De Luynes conçut les projets que nous allons voir se réaliser,
et contre lesquels Concini ne s'était pas assez mis en
garde, ne croyant pas sans doute avoir affaire à un
adversaire aussi habile et aussi dangereux.

De Luynes, dit Voltaire dans son *Histoire du Parlement,* préparait une révolution à laquelle personne ne
s'attendait ; il persuada au roi, alors âgé de 16 ans et
demi, qu'il était seul capable de bien gouverner, que
Concini était un traître, qu'il fallait l'assassiner,
et mettre la reine mère en prison. Cet abomina-

ble conseil ne devait pas tarder à recevoir son exécution (1).

Le 24 avril 1617, dit le bourgeois Pagès, grand partisan du duc de Longueville, « un long cri de joie traversait la France ; *les Amiénois, en signe d'allégresse, paraient à l'envi leurs chapeaux de feuilles vertes de lauriers.* Le Maréchal d'Ancre, à la suite d'un complot ourdi par un autre ambitieux, fut, par l'ordre exprès du roi Louis XIII, tué par Vitry (2), capitaine des gardes, sur le pont tournant du Louvre. »

(1) D'après Bassompierre, témoin des événements, de Luynes cherchait tous les moyens possibles d'en finir avec Concini, en irritant le roi contre lui. Il avait d'abord cherché à emmener Louis XIII hors de Paris, à Saint-Germain, afin de le séparer de la reine mère, et fait en même temps courir le bruit que c'était le Maréchal d'Ancre qui répandait cette nouvelle, et il le persuada si bien au roi, que ce dernier s'anima de plus en plus contre le Maréchal. Cependant ce premier projet échoua, parce que la reine fut avertie à temps par Bassompierre. « Il me semble, lui dit-il, que vous ne songez pas assez à vous, et qu'un de ces jours on vous tirera le roy de dessous l'aile. On l'anime contre vos créatures premièrement, et puis ensuite on l'animera contre vous. » (*Mémoires de Bassompierre,* édition de 1665, tome 1er p. 443). Sur le même sujet, voy. aussi Bentivoglio, *Lettere.*

Dès le mois d'août 1616, les ennemis de Concini avaient manqué de l'égorger chez le Prince de Condé, lequel fit conseiller au Maréchal de se retirer en son gouvernement de Normandie, et de prendre ses précautions pour se bien garder (Richelieu).

(2) « Le baron de Vitry, dit Alfred de Vigny, était un homme de guerre et de cour, déterminé et sans scrupules, un de ces hommes qui se jettent à corps perdu dans le crime, sans penser qu'il y ait au monde une conscience et un reproche. »

Il existe, dit Brienne, au Cabinet des estampes, un portrait de Vitri, gravé en 1651, au bas duquel on lit ce qui suit : « Il fut longtemps capitaine des gardes du corps du feu roi Louis XIII, qui s'en

Dans la perte de la fortune et des honneurs éprouvée
par Concini, on peut ne voir qu'une juste punition à
laquelle sont exposés les ambitieux, et qu'ils ne su-
bissent pas toujours ; mais il en est autrement de son
assassinat : on ne saurait trop déplorer de tels crimes,
lors même qu'ils ont un but politique. Aussi sommes-
nous convaincu que si des Amiénois (1) ont manifesté
leur joie à la mort d'un homme qu'ils n'aimaient point,
et poussé un peu loin les signes d'allégresse, ils n'ont
pas voulu, par cette démonstration, glorifier l'assassinat, comme on l'a fait à la Cour.

Comment qualifier le cri de remerciement jeté par
Louis XIII, selon plusieurs auteurs, aux assassins du
Maréchal : « *Grand merci à vous; à cette heure, je suis
roi !* » s'il n'avait voulu que le faire arrêter, comme le

servit habilement contre le Maréchal d'Ancre, pour étouffer la
naissance d'une guerre civile, qui divisait tous les Français. *Cet in-
comparable coup de justice* de ce grand prince marquera à jamais
qu'il était divinement inspiré pour le salut de son état et le repos
de ses sujets (*Mémoires* t. 1er p. 257).

Voilà comment, à 34 ans de distance, et sous le règne du grand
roi, on jugeait le meurtre criminel du Maréchal d'Ancre !

Quant à Louis XIII, il est à croire que ce faible monarque a subi
en cette circonstance, comme en tant d'autres, l'influence de ceux
qui étaient alors parvenus à le dominer. Il ne fut sans doute pas
plus difficile d'obtenir de lui l'ordre d'arrêter, et peut être, —
quoi qu'il en coûte de le croire, — celui de tuer le maréchal, qu'il
ne fut malaisé de lui faire consentir à exiler sa mère, et à laisser
périr Montmorency, Cinq-Mars et de Thou (Voir p. 76, en note,
lettre de Mayenne).

(1) Pas tous assurément, car Concini, on l'a prouvé plus haut,
avait à Amiens, à Albert et ailleurs, des partisans pour lesquels la
nouvelle de son assassinat a été accueillie avec peine et surprise.

porte son ordonnance du 9 mai 1617? Si l'on en croit le *Journal d'un bourgeois de Gisors*, le roi aurait dit à Vitry qu'il « voulloit qu'il fît mourir le Maréchal d'Ancre. »

D'autres prétendent que ce monarque, accompagné de De Luynes, ne fit que se montrer au balcon, et que les courtisans crièrent : « Vive le roi ! »

Louis XIII, dit Alfred de Vigny, vit sa minorité finir comme elle avait commencé, placée entre deux crimes, « le couteau de Ravaillac et le coup de pistolet de Vitry. » On peut à bon droit dire que Concini fut assassiné « par ordre de Louis XIII », ainsi que le prouve la lettre de Mayenne (1). Si le roi, en ordon-

---

(1) Dans une gravure du temps faisant partie de la collection Fontette, et représentant l'assassinat de Concini, on voit Louis XIII au balcon, présidant en quelque sorte au crime qu'il avait réellement ordonné, comme le prouve assez la lettre qu'il reçut du duc de Mayenne le lendemain de l'assassinat. Par cette lettre, le duc félicite le roi de la sainte et généreuse résolution qu'il a prise, « *en l'exécution qu'il a commandé estre faite de la personne du marquis d'Encre....* » Mayenne fait par la même occasion sa soumission à Louis XIII (*Catalogue Charavay*, 1872).

Cette lettre n'était peut-être pas connue de M. Guizot, qui ne prononce pas les noms des complices et des ordonnateurs de l'assassinat, qu'il appelle un complot domestique. « Ce n'est pas clair, » dit-il.

Une autre gravure représentant la mort du Maréchal d'Ancre et les diverses « scènes de son supplice » a été vendue à Paris en 1862. Elle faisait partie de la remarquable collection du docteur Wellesley, et le catalogue cite cette pièce comme très curieuse et extrêmement rare.

Une autre gravure du même genre, contenant neuf scènes sur la même planche, faisait partie de la collection Didot; elle a été vendue 485 fr.

nant cela, a cédé à des suggestions coupables, il n'en faut pas moins condamner cette criminelle faiblesse.

Il est un fait sur lequel tous les historiens sont d'accord, c'est qu'il y eut ce jour-là réjouissance à la Cour, et que la reine mère, attristée de la mort de son favori, parce qu'elle en prévoyait pour elle la funeste conséquence, ne donna néanmoins aucune parole de consolation à la veuve du Maréchal, ni à son fils.

On prête au contraire à Marie de Médicis un mot injurieux et cruel : « Si on ne veut pas dire à la Maréchale la mort de son mari, eh bien, qu'on la lui chante. » La jeune Anne d'Autriche, d'après divers écrivains, aurait commis une autre cruauté, en forçant le jeune Concini à danser le jour de la mort de son père (1).

La reine Anne n'était plus une enfant, ayant alors près de 16 ans ; elle a donc été justement blâmée de sa conduite ; mais celle de Marie de Médicis n'avait aucune excuse, surtout si. comme le dit Henri Martin. Concini n'avait pas été seulement son favori, mais aussi son amant (2).

« Quant à l'Hospital, baron de Vitry, il fut récom-

(1) Henri Concini, né le 7 juin 1603, avait alors 14 ans. Il avait eu Marie de Médicis pour marraine, et pour parrain le comte de Soissons.

(2) Brienne, auquel on attribue, je crois avec raison, le *Récit* anonyme de la mort du Maréchal d'Ancre, ne confirme pas absolument les relations intimes de la reine avec Concini, dont la faveur, dit-il, avait accrédité des bruits répandus par la malignité. Il raconte seulement à ce sujet le jeu de mots suivant : « Un jour que la reine se disposait à sortir, elle demanda son voile ; le comte de

pensé de Louis XIII par le bâton de Maréchal de France, qu'il ramassa dans le sang de Concini ! Ce grade insigne ne pouvait tomber plus bas, » comme le fait remarquer Henri Martin (1).

Le 8 juillet 1617, un arrêt flétrit à perpétuité la mémoire du Maréchal et condamna sa veuve au bûcher, où elle fut jetée le même jour, en place de Grève, après avoir été décapitée.

La mort de Léonora Galigaï a été chrétienne et résignée, et non précédée d'un discours ironique pour la France, comme certains écrivains l'on dit. Ses dernières paroles ont été celles-ci : *Ah! Je crie merci à Dieu, je pardonne au roi, à la reine, et à tout ce peuple qui me veut du mal et qui ont fait du mal à mon mari* (2). »

Lude dit à demi-voix, au milieu des courtisans : « Il ne faut pas de voile pour un vaisseau qui est à *l'ancre.* »

M. Édouard Fournier rappelle, après Tallemant, un bruit populaire d'après lequel le petit pont du Louvre, par lequel on disait que Concini s'introduisait la nuit chez la reine, fut appelé *Pont d'Amour*. Il faut prendre le récit pour ce qu'il vaut. En revanche, dit M. Fournier, le pont situé vis-à-vis la rue du Coq, par lequel le Maréchal se rendait officiellement au Louvre et où il fut assassiné, aurait pu s'appeler le *Pont du Crime* (*Enigmes des rues de Paris,* p. 82).

(1) D'autres personnages encore n'ont pas manqué d'obtenir des places, des libéralités et des faveurs à cette occasion. Il en est cependant parmi ceux enrôlés par de Luynes, qui n'ont même pas eu une récompense honnête ; Beauvais-Nangis est du nombre de ceux-ci, encore bien qu'il fût l'ami intime de Vitry. Voy. ses *Mémoires.*

(2) *Pièces du procès posthume,* et relatives à la mort de la Maréchale.

Richelieu a dit : « On voulait faire condamner la Maréchale en quelque manière que ce fût. Le Parlement, qui ne croit pas aux sorciers, l'a condamnée comme sorcière (1). »

Les biens des Concini furent confisqués au profit du roi, par l'arrêt du Parlement du 8 juillet 1617. Et dès le 3 août suivant, Louis XIII en fit don à Charles d'Albert, duc de Luynes, à l'exception d'une somme de 48 mille livres, employée à des œuvres pies, des bagues, joyaux et quelques meubles, dont sa Majesté disposa particulièrement (2).

(1) On chercha vainement partout des preuves de sorcellerie ; on voulut en voir, dans l'instruction, jusque dans les signes tracés sur un morceau de parchemin trouvé dans la chambre de la Maréchale. On voit en effet dans les interrogatoires à la date du 8 mai 1617 : « Ordre enjoignant au Sᵣ Dagatteau, exempt des gardes du roy, de représenter un morceau de parchemin qu'il a dit à diverses personnes avoir trouvé dans la chambre de la Maréchale ; sur le dit parchemin étaient tracés des caractères inconnus et magiques, d'après le Sᵣ Dagatteau. » (Vol. 221 coll. V. C. à la Bibliothèque nationale).

(2) Avant de mourir, le Maréchal d'Ancre déclara avoir eu en France pour 200 mille écus de pierreries, mais qu'elles lui avaient été retirées ; qu'il lui restait environ 200 mille écus provenant d'affaires faites avec la Princesse de Conti, la Comtesse de Soissons, le Maréchal de Souvré, et autres. Les *affaires* de ce temps-là ressemblaient fort à celles d'une époque plus rapprochée de nous.

Personne n'ignore ce que peuvent faire ceux qui tiennent le pouvoir et leurs créatures, lorsqu'ils veulent s'enrichir par tous les moyens.

Les 200 mille écus dont il vient d'être question, et qui avaient été envoyés à Florence, n'ont été remis ni à Catherine de Médicis, qui les réclamait, ni au roi ou au domaine, le gouvernement italien ne s'y étant pas prêté (Lettre du Cardinal Bentivoglio du 22 août 1617).

Puis, par lettres patentes du mois de juin 1620, le marquisat d'Ancre fut changé en marquisat d'Albert, en faveur du duc de Luynes, avec défense de lui

Quant aux pierreries, c'est à la reine Anne que le roi voulut en faire hommage.

2 millions, c'était bien en effet la fortune en argent des Concini, non compris les meubles et propriétés, ainsi que l'établissait le procès-verbal dressé par Meaupou et Arnaud après la mort du Maréchal. Il est dit en ce procès-verbal que les pièces trouvées *es pochettes de Conchini* prouvaient que son avoir se montaient à 1900 *et tant de mille livres*, chiffre modeste, comparé, comme nous l'avons déjà fait, à celui réalisé par d'autres intrigants arrivés au pouvoir.

N'oublions pas de rappeler que, cette fortune, Concini l'avait toujours mise à la disposition de la cause royale contre les conjurés et les fédérés.

Dans cette somme se trouvaient les bénéfices plus ou moins licites faits sous le nom de sa femme, de concert avec les fermiers, les receveurs des aides, le sieur Feydeau, madame de Guise et une foule d'autres personnages (Pièces du procès). Tous ces tripotages sont évidemment scandaleux et blâmables, pour tous ceux qui les ont pratiqués à cette époque, et le nombre en était grand, comme on peut le voir dans l'histoire financière de la France. Toutefois, en ce qui concerne Concini, on a exagéré ; il n'a pas, comme on l'a dit, supprimé la *Paulette*, pour empocher 3 millions. Ce droit n'a jamais été aboli, mais transformé plus d'un siècle après la mort de Concini, en 1771, et nommé alors *centième denier*.

Est-il prouvé, comme on l'a dit, que Montaubert, l'un des secrétaires de Concini, ait fait des ordonnances sans lettres du roi, pour lever des deniers en Picardie ? C'est ce que l'on pourrait vérifier sur les pièces envoyées au moment du procès par les Trésoriers de la généralité de Picardie. Nous ignorons si ces pièces existent en quelques archives. Les documents qui se trouvent à la Bibliothèque nationale, notamment les inventaires, n'en font pas mention.

On voit par les descriptions des procès-verbaux que le Maréchal employait dans son ameublement des étoffes de la fabrication d'Amiens, notamment des velours, du camelot, de la peluche noire.

donner à l'avenir une autre dénomination. Par suite de quelques difficultés, ces lettres ne furent enregistrées à la Chambre des comptes que le 1ᵉʳ septembre 1623.

Après avoir anéanti les personnes, on voulut aussi faire disparaître le nom. Le fils, assurément fort innocent des reproches que l'on pouvait adresser à ses parents, fut néanmoins déclaré roturier, et incapable de remplir des emplois, offices ou dignités dans le royaume.

Le frère de la Maréchale, Sébastien Galigaï, fut éloigné de son siège archiépiscopal de Tours et remplacé par Bertrand d'Echaus. « Galigaï, dit de Marolles, fut chassé par sa triste infortune après le coup fatal, la mort de sa sœur. » Tamizey de Laroque. *Trois lettres inédites de Bertrand d'Echaus*, 1879.

La rigueur et l'injustice de cette condamnation, cette transmission des richesses des condamnés à un nouveau favori du roi, ont frappé tous les esprits, révolté tous les sentiments et mérité le blâme de tous les historiens. D'ailleurs, l'idée de faire ce procès était telle-

On inventoria notamment « une pièce de Camelot changeant d'Amiens. »

La dot de 70,000 livres tournois, constituée aux époux Concini par la reine, aux termes de leur contrat de mariage du 12 juillet 1601 (1), ainsi que d'autres dons postérieurs, de même que les gages et traitements de ces emplois, formaient une portion très légitime de l'actif des époux Concini.

(1) Ce contrat de mariage, ainsi que d'autres renseignements, ont été publiés dans la *Revue des documents historiques*, par E. Charavay, 1878, page 39.

ment inique, que plusieurs juges se sont récusés, ne voulant pas se laisser imposer d'avance une condamnation exigée par la faction de Luynes (Mémoires de Richelieu).

Comme on l'a dit fortement : « Les grands biens du Florentin vinrent former le noyau de la fortune de l'opulente maison de Luynes (1). Tel est le résultat ordinaire du renversement des favoris sous les gouvernements absolus. »

De Luynes convoitait en effet cette fortune depuis longtemps, et n'était, dit la *Biographie Michaud*, distrait par aucun obstacle dans l'accomplissement de son désir. Il s'unit aux ennemis du Maréchal, son rival, devint l'âme de leurs complots, et lorsqu'il eut réussi par toutes sortes de moyens à perdre le Maréchal d'Ancre, il se fit donner la totalité de ses biens, il les réclama même avec avidité, partout où ils se trouvaient. Le duc de Bouillon, voyant que le successeur de Concini gouvernait sous le nom de son maître, avec le même despotisme qui avait rendu odieux le premier favori, disait : *On n'a pas changé de taverne, mais seulement de bouchon.*

---

(1) Parmi les grands biens de Concini dévolus au duc de Luynes, se trouvait le château de Lesigny, situé dans la Brie, comme nous l'apprend *le Courrier de la Fronde* :

> « Il tourna devers Lesigny,
> « Château jadis à Conchiny. »

Ce domaine était alors de peu d'importance. Mais lorsque le duc de Luynes en fut gratifié, il en fit une habitation princière, où il reçut plusieurs fois la cour.

Le roi lui-même ne tarda pas à être désabusé ; se plaignant de la cupidité du Connétable, il disait n'avoir jamais vu à un seul personnage tant de parents : *Ils arrivaient à la cour par batelées, sans qu'il y en eût un seul habillé de soie.* Plus tard, Louis XIII disait encore de son ministre, à peu près ce que sa mère avait dit de Condé : *Il veut faire le roi, mais je saurai bien l'en empêcher.*

Enfin, de Luynes, sur le point d'être disgracié à son tour, mourut le 14 décembre 1621, les uns disent de la fièvre, d'autres par le poison. Louis XIII ne s'en est pas réjoui publiquement, comme il l'avait fait à l'assassinat du Maréchal d'Ancre ; il témoigna même en apparence de la douleur, mais on croit qu'il n'était pas sincère.

De Luynes, comme Concini, se sentait le maître du maître et savait le secret de son pouvoir (1), et il fut accusé de n'avoir pas montré plus d'habileté politique que son prédécesseur ; il laissa la France plus divisée qu'elle ne l'était à la mort du Maréchal (2).

Après la mort de Luynes, Richelieu devint plus

______

(1) Concini tenait son empire de son rôle de médiateur discret des querelles conjugales de Henri IV et de Marie de Médicis, querelles nées des inclinations galantes du roi.

(2) Dans ces derniers temps, on s'est attaché avec raison à défendre le connétable contre les calomnies auxquelles il a été en butte, comme tant d'autres. Voy. notamment : *Me de Chevreuse, par Cousin*, le *Journal des Savants*, etc. Mais il est prouvé qu'à son décès les finances de l'Etat n'étaient pas en meilleur état qu'à la mort du Maréchal d'Ancre (d'Effiat). Et M. Guizot n'hésite pas à condamner sa politique (*Hist. de France*).

puissant que jamais et put réparer les fautes commises. On n'a sans doute pas oublié que Concini avait deviné le génie de cet illustre homme d'état ; il lui avait fait donner, le 1er novembre 1616, un des quatre offices des maison et couronne de France, avec la charge des affaires étrangères. Le Maréchal disait à la reine, en parlant de Richelieu : « Ce jeune prélat en sait plus que tous les barbons. »

Si les Concini ont eu de grands honneurs, des richesses et quelques satisfactions, ils ont éprouvé aussi de bien vives contrariétés ; leurs ennemis ne leur laissaient aucun repos. Avant leur catastrophe finale, ils avaient été frappés dans leurs plus chères affections. La mort d'une fille du Maréchal (1), au moment où cette charmante enfant allait être fiancée au duc d'Elbeuf, en 1616 (2), fut pour lui et pour la Maréchale le sujet d'une profonde douleur ; elle causa au mari surtout un sinistre pressentiment. Il pensait lui laisser plus de 2 millions. C'est à ce chiffre qu'il évaluait ses biens de France, non compris le marquisat d'Ancre. C'est une somme considérable, il est vrai, pour 17 ans de favoritisme, le Maréchal étant arrivé en France sans argent ; mais il y a loin de là à l'immense fortune que se procura de Luynes en 4 ans,

---

(1) Marie Concini était née le 14 décembre 1608. Henri IV fut son parrain, et la Princesse de Condé, née de la Trémouille, sa marraine.

(2) Dans une lettre à sa femme, du 23 juillet 1613, le duc de Bouillon écrit: «Le marquis d'Ancre est de retour d'Amiens (où il s'était retiré le 27 juin), et il marie sa fille avec le fils de M. de Villeray. D'une grande haine, grand amour, cela donne bien à discourir. »

comme successeur de Concini (1), et aux 200 millions qu'avait amassés ensuite le Cardinal de Mazarin.

Le Maréchal a fait à Bassompierre une curieuse et intéressante confession :

« Sçachez, Monsieur, que depuis le temps que je suis au monde, j'ai appris à le connaître, et voir non-seulement les élévations de la fortune, mais encore les chutes et décadences, et que l'homme arrive jusqu'à un certain point d'honneur ; après, il descend, où bien il précipite, selon que la montée qu'il a faite a été haute et roide.

« J'ai travaillé à ma fortune et l'ai poussée en avant autant qu'un autre le pourrait faire, tant que j'ai vu qu'elle m'était favorable. Mais depuis que j'ai reconnu qu'elle se lassoit de me favoriser, et qu'elle me donnoit des avertissements de son éloignement et de sa fuite, j'ai pensé à faire une honnête retraite. C'est de quoi j'importune ma femme en vain. »

De ce témoignage il résulte qu'Alfred de Vigny a représenté à tort la Maréchale comme cédant toujours à l'ambition de son époux.

La vérité est que l'ambition de la femme était plus grande encore que celle du mari, et que celle-ci, tout en ayant plus d'esprit, n'était pas douée comme Concini de « ce regard sûr qui permet d'entrevoir la destinée contre laquelle nous luttons toujours, mais qui l'emporte sur nous dès que le caractère s'affaiblit ou s'altère, et qui, d'un pas très sûr, nous mène à ses

_____

(1) Aussi n'a-t-on pas oublié de citer longuement de Luynes dans les *Sangsues du Peuple*, petit pamphlet fort rare, publié en 1830, qui fait au Maréchal d'Ancre la grâce de ne point parler de lui. Les autres noms mentionnés dans cette publication sont assez nombreux, et on y trouve de curieuses révélations.

fins mystérieuses et souvent à l'expiation par des voies impossibles à prévoir. »

Pour le besoin de la mise en scène, Alfred de Vigny, dans son théâtre, fait du Maréchal d'Ancre le portrait suivant, peut-être un peu fantaisiste :

« Parvenu insolent, incertain dans les affaires, mais brave l'épée à la main (il s'était en effet distingué à l'affaire du Catelet, et au siège de Clermont en Beauvaisis) (1), voluptueux et astucieux Italien, il regarde et observe longtemps avec précaution avant de parler (2) ; il croit voir des pièges partout, et sa démarche est indécise et hautaine comme sa conduite ; son œil fin, impudent et cauteleux. »

« Jamais, dit un historien du temps (3), esclaves ne furent tant serfs de leurs maistres, qu'il l'étoit de ses voluptez; jamais esclave tant fugitif de son maistre, qu'il l'estoit des lois et de la justice. Il estoit grand et droit, et bien proportionné de son corps; mais depuis quelque temps l'appréhension qu'il avait le rendoit plus pâle de visage, plus hagard en ses yeux, et plus triste, son teint basané. »

Ce dernier portrait ressemble assez à celui qui se trouve en tête de ce volume. C'est sans doute dans cette période d'appréhension que Concini à livré à l'artiste les traits que nous reproduisons, et qui nous montrent sa physionomie vieille, sombre et soucieuse. Le constrate est frappant avec un autre portrait de Con-

(1) Voir : *La prise de Clairmont en Beauvoisis par Monsieur le Mareschal d'Ancre à Lyon pour François Yurat Jouxte la copie imprimée à Paris avec permission des supérieurs.* Plaquette d'une extrême rareté.

(2) Bonnivet dit, au contraire, que la conversation du Maréchal était vive, enjouée, agréable et pleine de saillies.

(3) Le nom de cet auteur m'échappe au milieu de tant de recherches que j'ai dû faire.

cini, en costume de Maréchal, peint par Lecoq, et dont l'original est à Versailles, galerie des Maréchaux. Là, son air est triomphant, assuré, sans crânerie ; il ne manque ni de distinction ni de dignité. Les deux portraits dénotent également une vive intelligence, qui ne peut du reste être contestée au Maréchal d'Ancre. Ajoutons, pour achever de peindre notre héros, qu'il avait l'esprit cultivé, et des qualités morales incontestables, mais il manquait parfois de fermeté et de sang-froid (1).

Le même auteur représente ainsi Léonora Galigaï :

« La Maréchale était une femme d'un caractère ferme et mâle, mère tendre et amie dévouée ; calculée et dissimulée à la façon des Médicis dont elle était l'élève ; manières nobles, mais un peu hypocrites ; teint du midi sans couleurs; gestes brusques parfois, mais composés habituellement. »

(1) Quand Henri IV étoit de bonne humeur, dit d'Aubigné, il rioit des parcimonies de Concini, qui était beau cavalier et parfait courtisan, qui triomphait sous l'œil de la reine, dans les tournois, dans les courses de bagues, dans les fêtes galantes, et les magnifiques spectacles d'alors qui rappelaient les splendeurs de la cour des Valois. Comme tant d'autres, le Maréchal aimait les louanges que ses amis et ceux qui se disaient tels ne lui épargnaient pas au temps de sa faveur ; l'un deux, M. de Bonneil, introducteur des ambassadeurs, surnommé le *dévôt de la Cour*, parce qu'il adorait tous les ministres, accablait Concini de ses flatteries, en sorte que le Maréchal lui disait : *tu m'aduli, ma tu mi piaci.* Tu me flattes, mais tu me fais plaisir (Tamizey de Larroque, *Lettres de Jean Chapelain*, tome 1er p. 248, note 4). Le savant écrivain, ne manque pas de faire remarquer que le bon mot du Maréchal a été attribué à tort au cardinal Mazarin.

CHAPITRE VI.

VARIÉTÉS.

Concini entrant au Parlement botté et éperonné, **le** *chapeau sur la tête.*

Ce n'est pas sciemment, comme Louis XIV, et pour donner ses ordres, que Concini se présenta un jour au Parlement ; mais ce fut sans le savoir qu'il se trouva dans l'accoutrement ci-dessus rappelé au milieu d'une assemblée de *ces Messieurs*, et mal lui en prit, comme on va le voir.

« Le mardi 4 du mois de may (1610), le Maréchal d'Ancre estant allé au Parlement, qui se tenoit aux Augustins, et estant entré sans y prendre garde dans une des chambres des enquestes avec des éperons dorés à ses bottes, et le chapeau en teste, les clercs du Palais se sont jetés sur luy, les lui ont ostés avec son chapeau, et luy ont donné quelques coups. Un page de la reine ayant couru sur les dits clercs, avec des domestiques du dit sieur d'Ancre, furent battus et ensanglantés. Plainte fut portée au Roy par le Maréchal ; de son costé le Parlement députa 10 conseillers à sa Majesté pour lui représenter l'immunité de leur demeure, et cela se passa doucement (1). »

Mot da la Maréchale d'Ancre sur Marie de Médicis.

Tout le monde sait que la Maréchale d'Ancre répondit avec fermeté à ses accusateurs, lors de son procès.

Interrogée sur les charmes dont elle avait pu se servir pour ensorceler la reine, elle fit avec fierté une réponse dont le fond et le sens ont été respectés par les historiens, mais dont les expressions ont subi plusieurs variantes.

« Je n'ai eu d'autre sortilège que l'influence d'un esprit fort sur une tête faible. »

(Relation attribuée à Marillac, garde des sceaux).

« Pas d'autre chose que du pouvoir qu'a une habile femme sur une balourde. »

Version rapportée par Tallemant, qui n'y croit pas; et il doit avoir raison, car la Maréchale était trop adroite pour se qualifier elle-même d'*habile*, et elle aimait trop réellement la reine pour l'injurier par l'expression de *balourde*.

« Mon sortilège a été le pouvoir que les âmes fortes doivent avoir sur les esprits faibles. »

Tels seraient les termes dont Léonora Galigaï se serait servie, d'après des Essarts. Ils sont plus respec-

(1) Supplément au journal du règne d'Henry IV, 1736, p. 219-220.

tueux que ceux rapportés par Tallemant, et paraissent
plus conformes à la vérité, qui est aujourd'hui connue
et fixée, ce semble, par l'un des interrogatoires de la
Maréchale découvert à la Bibliothèque nationale et publié par un érudit dont il n'y a plus à faire l'éloge,
M. Tamizey de Larroque (1).

Concini est-il représenté dans une gravure du temps de la Fronde ?

Le Marquis d'Ancre est représenté, dit le *Courrier
de la Fronde*, dans une gravure d'une extrême rareté,
publiée au temps de la Fronde, sous le titre de : *Le
salut de la France dans les armes de la ville de Paris* (in-
folio). Au centre de la gravure est le vaisseau de la
ville de Paris. Le prince de Conti tient le gouvernail.
Devant lui sont assis les ducs de Beaufort et d'Elbeuf
et le prince de Marillac. On voit également assis à la
proue le Maréchal de la Mothe et le Marquis de Noir-
moutier. MM. du Parlement et de la ville se tiennent
debout autour du mât. Mazarin, qui est dans la mer,
s'accroche de ses deux mains à l'arrière du navire,
pendant qu'à côté de lui deux diables cornus soufflent
sur la barque française des vents contraires à sa pro-

(1) *Un mot apocryphe de la Maréchale d'Ancre* (*Revue des questions
historiques* avril 1869). C'est aussi le même historien qui nous apprend l'âge exact de Léonora au moment de sa mort : 41 ans, ce
qui met sa naissance en 1576. Il reproduit en outre deux lettres
autographes signées : *Léonora Galigaï*, adressées au Cardinal de
Sourdis et à Madame de Monglat en 1610 et en 1614.

spérité. A l'avant, le Marquis d'Ancre se noie en tâchant de couler le vaisseau à fond.

Est-ce bien Concini qui est représenté dans cette gravure, et pourquoi y figurerait-il?

Son rôle était fini, il était mort 41 ans avant la Fronde. Nous n'avons pas vu cette estampe, mais nous sommes porté à croire que c'est un autre personnage qu'il faut y mettre à la place du Maréchal d'Ancre, puisque l'on ne voit là que des hommes politiques contemporains de Mazarin.

L'épée du Maréchal d'Ancre.

Le mobilier des Concini était somptueux ; leurs hôtels et châteaux étaient ornés de délicieux objets d'art de provenance française et italienne.

Il existe encore à Paris, dans le musée de M. Léopold Double, une belle et grande épée, à lame finement damasquinée, avec les devises du Maréchal d'Ancre, auquel elle a appartenu (1).

Le musée de M. Double, dit le bibliophile Jacob, n'a pas d'autre souvenir de l'époque Louis XIII que cette épée. « Son propriétaire, eût-il trouvé quelques autres débris de ce somptueux mobilier italien qui garnissait l'hôtel du Maréchal d'Ancre et fut pillé par la popu-

---

(1) Cette belle arme n'a pas été décrite dans les inventaires dressés au Louvre après la mort du Maréchal, et ce n'est pas le seul oubli que nous pourrions signaler. Il est à croire que certains objets ont été distraits avant les inventaires et distribués aussitôt après le décès.

lace après la mort de Concini, ne l'eût pas certainement recueilli dans sa collection, dont les xviie et
xviiie siècles ont fait tous les frais (1). »

Il y a dans ce récit une erreur et une énigme qu'il
est bon, je crois, de signaler.

D'abord, l'hôtel du Maréchal d'Ancre n'a pas été
pillé après sa mort, mais bel et bien de son vivant, le
1er septembre 1616, comme je l'ai déjà dit.

Voilà pour l'erreur.

Puis, je ne vois pas pourquoi M. Double n'aurait
pas admis dans ses collections du xviie siècle d'autres
objets d'art de Concini, qui vivait précisément à l'é-
poque de prédilection du célèbre amateur ?

Projets de divorce avec Léonora, et d'alliance de Concini avec Mademoiselle de Vendôme.

Je dois aussi relater ici une particularité peu connue
sur Concini, c'est qu'il avait eu le projet de s'allier à
la famille de Vendôme, en faisant casser son mariage
avec Léonora ; celle-ci ayant pénétré son dessein, le
desservit de tout son pouvoir. Montalto, médecin juif,
ami sincère de Concini, avait empêché une rupture
entre les deux époux. Mais après la mort de Montalto,
le Maréchal resta à peu près seul contre ses ennemis,
qui le signalèrent comme l'auteur de tous les maux qui
accablaient la France (Dufay, de l'Yonne).

(1) *Un mobilier historique des* xviie *et* xviiie *siècles. Paris,* 1865. *gr.
in-8° page* 19.

L'abbé Rucellay, agent adroit et infatigable de la reine, demeurait encore dévoué à Concini après la disgrâce de ce dernier ; mais il ne pouvait alors rien faire pour lui, à cause des Princes qui s'y opposaient. Il fut plus heureux pour servir la reine, après la mort du Maréchal, en gagnant à la cause de Marie de Médicis le duc d'Epernon, qui s'était laissé entraîner assez facilement à cause de son mécontentement contre de Luynes.

Rucellay était du moins pour Concini un confident et un ami sincère, tandis que beaucoup d'autres, ses amis en apparence, n'étaient que des courtisans alléchés par l'espoir de quelque faveur. C'est toutefois un reproche que l'on ne saurait adresser à M. de Choiseul-Praslin, lequel, dit l'historien Turpin, avait été l'ami du Maréchal d'Ancre, « par ménagement pour le favori alors revêtu du pouvoir ; mais il n'avait pas eu part à ses bienfaits (1). »

Concini était en effet, ajoute le même historien, très-généreux et bienfaisant, digne au début de la confiance que la reine lui avait accordée.

La populace de Paris a-t-elle mangé le cadavre de Concini ?

D'après *le Martyrologe ministériel, ou biographie des ministres pendus, avec le tableau des ministres à*

(1) *Vie de Choiseul-Praslin.* On sait que Rucellay est mort à Montpellier le 22 octobre 1622.

pendre, 1826, in-32, le corps de Concini, enlevé par le peuple de l'église Saint-Germain-l'Auxerrois, aurait été découpé en morceaux, vendus à la populace, qui les mangea (1) !

D'autres disent que le cœur seulement fut grillé et mangé.

Peut-on croire à un tel acte de sauvagerie ?

Il se commet assez d'horreurs dans les moments de troubles, sans que l'on ait à enregistrer celle-ci.

Des Essarts et le *Dictionnaire de la Conversation* constatent que les restes de Concini furent, non pas mangés, mais brûlés devant la statue d'Henri IV, et en divers quartiers.

On lit dans le *Journal d'un bourgeois de Gisors*, p. 133 :

« Les restés d'y celluy (Concini) ont esté traînés par les rues, coupés en morceaux, et jetés au feu. »

Un des libelles du temps porte le titre suivant : *Le définiment de la guerre par la mort de Concini, marqué d'Ancre, lequel a été carabiné, enterré, déterré, pendu, dévoyonné, démembré, traîné et bruslé à Paris; de l'imprimerie de la voix publique qui chante vive le roy*, 8 pages. Si le cadavre de Concini avait été mangé, il me semble que l'auteur de ce pamphlet n'aurait pas reculé pour le dire.

(1) Pour ceux qui ne connaissent pas la rare et curieuse biographie *le Martyrologe*, que je viens de citer, je dirai que le tableau des ministres à pendre est resté en blanc. Ce tableau là est, du moins, exempt des erreurs et des calomnies que renferment souvent de tels pamphlets.

Les excès de toutes sortes commis sur le cadavre du Maréchal d'Ancre ont été racontés de mille façons, mais il n'en existe aucune version authentique ; aucun procès-verbal n'a été dressé de ces actes de cannibales, que l'on n'a pas réprimés. Qui sait même s'ils n'étaient pas suscités par quelques meneurs payés pour cela (1)?

Nous ne nous arrêterons pas plus longtemps sur ces tristes souvenirs d'une aveugle fureur populacière, passée à l'état de légende jusqu'à nos jours. Un annaliste Amiénois en a encore il y a peu d'années réédité la relation, nous ne savons d'après quels documents.

On lit en effet dans les manuscrits Machart, de la bibliothèque d'Amiens : « Le cadavre de Concini fut traîné par les rues jusqu'au bout du Pont-Neuf. On le pendit par les pieds à l'une des potences qu'il avait fait dresser pour ceux qui parleraient mal de lui. Après l'avoir traîné à la grève et en d'autres lieux, on le démembra. Chacun voulait avoir quelque chose du *juif excommunié*, c'était le nom que lui donnait cette populace ! Enfin, après d'autres circonstances plus horribles les unes que les autres, ses restes sanglants furent brûlés, et le lendemain on vendit ses cendres sur le pied d'un quart d'écu l'once. »

(1) Parmi la populace, il y avait, selon le *Géographe Parisien*, 3000 laquais. Etaient-ils là malgré leurs maîtres? Tout ce monde se mit à couper les cordes des cloches de l'église Saint-Germain l'Auxerrois, avec lesquelles ils lièrent le mort, inhumé sous les orgues, et qu'ils avaient déterré. A-t-on puni les coupables de ces méfaits?

Anecdote relative au Marquis de Bonnivet.

« .... Le Marquis de *Bonnivet,* seigneur flamand, étant prisonnier de guerre dans la citadelle d'Amiens, pendant le temps que le Maréchal en était gouverneur, imagina de paraître malade, pour faire ensuite le mort, être emporté hors de la citadelle et se sauver. Concini lui dit : « Il serait bien fâcheux que vous mourussiez sous ma garde ; car, comme on fait passer les Italiens en France pour de grands empoisonneurs, je serais obligé de vous faire ouvrir. » Cette plaisanterie, dit Séri, fut un excellent élixir pour le malade, qui ne tarda pas à guérir (1). »

(1) Cette note anecdotique m'a été communiquée avec d'autres renseignements par M. Réné Vion, dont chacun peut apprécier ici le zèle éclairé et serviable dans ses fonctions de bibliothécaire adjoint.

Ce marquis de Bonnivet est-il de la branche des Gouffier de Crévecœur, dont plusieurs membres ont porté le nom de Flamand, à cause des domaines qu'ils avaient en Flandre ? On sait par Pagès qu'un marquis de Bonnivet, grand partisan du duc de Longueville, prenait part à toutes les entreprises de ce dernier contre le Maréchal d'Ancre, mais notre chroniqueur ne dit pas que ce seigneur fût le héros de l'anecdote qui vient d'être rapportée.

Les Gouffier-Crévecœur avaient dès le XIVe siècle un hôtel à Amiens, dit anciennement du Battoir, rue des Jacobins, où sont aujourd'hui les nouveaux bâtiments de la gendarmerie.

François de Gouffier, deuxième fils de l'amiral, lieutenant général du roi en Picardie (1573-1587), y fit longtemps sa demeure, ainsi que son second fils, Timoléon Gouffier, seigneur de Thoix, qui y est mort en 1614. Ce dernier était capitaine de 50 hommes d'armes des ordonnances du roi et *viz admiral en Picardie,* titre qui ne semble pas avoir survécu à ce titulaire.

François de Gouffier, et surtout Henri son fils aîné, plus connu sous le nom de marquis de Bonnivet, enrôlé sous le drapeau du roi, ont joué un rôle important pendant la Ligue. Henri de Gouffier, après s'être emparé pour le roi du château de Conty et de plusieurs autres places, fut tué à Bretcuil, le 22 août 1589, par le féroce ligueur Florimond d'Halluin, seigneur de Piennes et de Maignelay, son cousin germain.

La note qui précède est déjà bien longue à propos d'une courte anecdote; cependant je ne peux résister à l'envie de placer encore ici le récit d'une belle action, et qui n'a été rapportée par aucun historien.

Catherine de Médicis ayant envoyé chercher François Gouffier, premier du nom, seigneur de Crévecœur, pour lui annoncer la nomination de son fils à un régiment d'infanterie : Madame, lui dit-il, il y a un mois que mon fils, passant seul, vers le soir, dans une rue de Paris assez écartée, fût attaqué par cinq hommes ; le capitaine Lavergne, sans le connaître. mit l'épée à la main, et chargea ses assassins avec tant de courage que deux furent tués, les trois autres s'enfuirent. Agréez, Madame, que mon fils ne passe point devant son bienfaiteur : vous mettriez le comble à la grâce que vous nous accordez en voulant bien en disposer en faveur de Lavergne ; depuis qu'il a quitté la religion calviniste, il s'est distingué en plusieurs occasions. Vous vous acquerrez un des plus braves hommes de France, et qui vous sera à jamais dévoué. A l'égard de moi et de mon fils, vous connaissez notre inviolable attachement pour votre Majesté. » — « Un cœur aussi reconnaissant que le vôtre, lui répondit Catherine, engage à ne le pas refuser : je consens à ce que vous souhaitez et je n'oublierai pas votre fils. »

C'est au temps de la régence de la rusée Catherine que doit remonter l'entretien qui précède, c'est-à-dire après 1561, et le fils du seigneur de Crévecœur, dont elle voulait faire la position pour se l'assurer, était assurément Henri de Gouffier, l'aîné des enfants ; Timoléon, le second, n'avait alors que 3 ans, étant né en 1558.

CHAPITRE VII.

ÉCRITS CONCERNANT LE MARÉCHAL D'ANCRE.

On a beaucoup écrit sur Concini, pendant sa vie comme après sa mort, dans l'histoire générale et particulière, dans les pamphlets, surtout, dont le nombre pourrait rivaliser avec les mazarinades.

Voici l'indication de quelques-uns de ces écrits, dont les Princes ont été souvent les instigateurs. Ces pièces ont en général rapport au gouvernement de la Picardie par le Maréchal (1).

1. — Le Courrier Picard, satire de 16 pages, in-8° (vers 1616).

Cette satire des plus violentes est dirigée contre Concini et son épouse. Le Maréchal est traité de *coyon*, de poltron; on y fait de fréquentes allusions au faquin, au mannequin de bois. On va jusqu'à reprocher à Concini d'avoir trouvé le moyen de faire, dans son carrosse et en poste, le voyage de Paris à Amiens en un jour, ce qui n'avait jamais eu lieu en si peu de temps jusque-là.

Voir plus haut au chapitre concernant la citadelle. La partie du couvent des Célestins donnant sur la citadelle fut comprise

(1) Nous ne rappelons pas dans cette nomenclature tous les écrits déjà cités. Ne pourrait-on pas donner à toutes ces pièces le nom de *Conciniades*?

dans la démolition. En 1634, le surplus des bâtiments eut le même sort, bien que Concini fût mort.

Nous voyons aussi dans le même pamphlet que Concini portait la barbe en pointe de fuseau, selon la mode du temps (1) ; que la livrée de ses gens était rouge, jaune et noire, sur quoi on fit le sixain suivant :

> Zinzobin, jaune et noir est la couleur funeste
> D'un flasque Florentin, du royaume la peste ;
> Le jaune est l'or du Roy, vollé en mille endroicts,
> Le rouge, zinzobin, est le sang qui souspire,
> Et le noir est le deuil qu'ont tous les bons François,
> De voir par un *coyon* renversé notre Empire (2).

Cet écrit pourtant si mordant accorde que le Marquis était *d'extraction, de courage, brave et vaillant*..

2. — Le Pasquil Picard coyonesque. S. l. 1616, in-12.

C'est une facétie en vers, de 16 pages, dirigée surtout contre les soldats italiens qui étaient à la solde du Maréchal. On a dit à tort que ces vers étaient en patois picard.

2 (bis). — Songe. 1616. *in-8°*.

Pièce de vers attribuée par M. Edouard Fournier à quelqu'un de la maison du duc d'Epernon (le duc était alors en Saintonge). Elle est l'une des plus curieuses et des plus rares qui ont été faites contre le Maréchal. Elle renferme en effet plus d'une atta-

---

(1) Voy. le portrait en tête de ce volume.

(2) Le noir dans la livrée, joint au nom d'Ancre qu'avait Concini, donna lieu sans doute contre les soldats de ce dernier au jeu de mots : *barbouillé d'Ancre*, qui prit naissance dans le camp des princes et se répandit ensuite partout, si bien que, lorsque ces soldats furent licenciés après la mort du Maréchal, les enfants, excités par des meneurs, criaient sur leur passage : *aux barbouillés d'Ancre.*

que sanglante et parfois assez malpropro pour ne pouvoir être
ici transcrite en entier.

> Il estoit d'assez belle taille,
> De poil tout propre à la bataille
> De ce petit démon d'Amour ;
> Sa fraize était à l'espagnolle,
> Et sa moustache en banderolle
> Chassoit aux mouches de la cour.

Tout cela peut s'écrire, et c'est même conforme à la vérité,
ainsi que le distique qui suit :

> Il parlait de la Normandie,
> Et il aimait la Picardie.....

Mais je passe tout le reste; aussi bien cela n'est pas sérieux,
puisque l'auteur dit à la fin du *Songe*, ou plutôt en s'éveillant :

> .... afin de vous faire rire,
> Icy je l'ay voulu descrire.

La plume qui a tracé cette satire contre Concini, fait en même
temps le plus grand éloge de M. le Prince de Condé, qui fut si
hostile à la puissance du Maréchal d'Ancre.

3. *Le Cotret de Mars, avec le fagot, la fascine et
le gros bois, pour feue de joie à la France*, 1616,
petit in-8°

> « Mars inutile, en temps de trêve,
> Pour ayder à fournir la grêve,
> S'amuse à tailler des cotrets. »

Cotret de Mars s'applique à un personnage que nous n'avons
pas pu découvrir. Peut-être bien est-ce le roi qui est ainsi désigné. Là aussi est le père Cotton, le confesseur du roi, « couvert
de cire bruslable. »

Le *fagot* est Claude Bullion, dont la fortune commençait alors,
et qui fut surintendant des finances sous Richelieu. Il faillit

même devenir Chancelier de la jeune reine, après les conféren-
ces de Soissons (*Lettres de Malherbe à Peiresc*, p. 434).

Le *plus gros tison* est le duc d'Epernon, qui cumulait les gouvernements de Guyenne et de Metz, de Metz dont il voulait se
faire le roi.

> Il est fin ce vieux roi de Metz.....
> Ainsy l'évesque de Cologne
> Autre fois se fit souverain...

La fascine n'était ni plus ni moins que

> ...... la seiche *Conchine*.

c'est-à-dire la femme de Concini.

Cette satire n'est au surplus qu'un feu roulant d'allusions
contre une foule de gens tous dignes de l'auto-dafé, d'après le
satirique, sauf pourtant Dolé,

> Qu'il ne faut pas mettre en cendre ;
> Mais pour noyer il le faut prendre,
> Ne méritant d'estre bruslé.

Magot, c'est le chancellier Mangot (1), « sous qui la justice
chancelle ; » *Babin* est pour Claude Barbin, contrôleur général ;
Suçon s'applique à l'évêque de Luçon, Richelieu ; *du Vray*, au
chancelier du Vair ; *Vieille foy*, à Villeroy, et *Nanin*, au président Jeannin (2) ; *Gros bois*, enfin, c'est le roi d'Espagne,

(1) Mangot fut pourvu de la charge de Secrétaire d'Etat en remplacement de Villeroy, qui, dans le traité [de paix, s'était prononcé
contre Concini.

(2) Les personnages qui viennent d'être cités, tous partisans du
Maréchal d'Ancre, sont représentés dans l'une des nombreuses es-
tampes qui parurent après son assassinat. Celle-ci porte le titre de :
*Tableau et emblesme de la détestable vie et malheureuse fin du maistre
Coyon*, et elle est accompagnée de stances satiriques.

Il est bon de dire ici que *Coyon*, ce mot que l'on trouve si souvent dans les pièces contre le Maréchal, vient de *Coglioni*, nom des

Pour faire un feu clair à la fois,
Et dessus, si la France unie
Se veut sauver de tyrannie,
Le roy d'Espagne pour gros bois.

D'après une note de cette satire, Concini aurait été vendu au roi d'Espagne, ce qui expliquerait, dit l'auteur, comment le Maréchal aurait pu, en y joignant les libéralités de la reine mère, avoir les richesses que l'on connaît. Bien que ces trésors n'aient pas été aussi considérables que ceux laissés par d'autres favoris, l'imagination populaire s'est plu à créer à ce sujet toutes sortes de légendes, au point que plus de 30 ans après la mort des victimes de cette fortune, Dubuisson-Aubenay écrivait dans son Journal (manuscrit) à la date du 24 avril 1650 :

« Hier au soir on travailla, par ordre de M. le duc d'Orléans, à chercher 200 mille pistolles qui, sur un avis envoyé par une femme italienne, devaient être cachées en terre dans le jardin de l'hôtel de la rue de Tournon, autrefois occupé par le Maréchal d'Ancre. »

4. *Les advis de Charlot à Colin, sur le temps présent, mis en lumière par L. D. F. D. s. l. n. d.; in-8°.*

« Qui aura le Gouvernement ? »
C'était la question du moment.
J'ai peur qu'on ne verra jamais
La pauvre France débrouillée ;
C'est une trame mal filée.

Cette trame était la campagne reprise en 1616 par le duc de

soldats italiens que Concini avait à sa charge, pour sa garde particulière, et qui étaient au nombre de 45, payés à raison de mille francs chacun, plus la table, et des bienfaits à ceux qui savaient les mériter. Ces hommes semblaient tellement craintifs et dévoués au Maréchal que, avec eux, il aurait battu tout le Louvre, dit d'Aubigné (*Aventures,* p. 193).

Nevers contre Concini, après l'emprisonnement du prince de Condé. Ce qui fit

« Qu'on semoit l'argent par la rue... »

Allusion au pillage de l'hôtel du Maréchal d'Ancre, où demeurait aussi son secrétaire, Raphaël Corbinelli (1er au 3 septembre 1616).

Cet hôtel était situé rue de Tournon, où est maintenant l'Odéon. L'hôtel de Condé était tout près de là.

Le duc de Bouillon, prenant pour prétexte l'arrestation de Condé, avait beaucoup contribué à soulever la populace qui avait pris part à ce pillage ; ensuite il courut s'enfermer dans Soissons, avec le duc de Mayenne. Ce dernier ne rendit cette place au roi qu'après la mort de Concini.

Le pillage de l'hôtel du Maréchal ne trouva pas la justice du pays désarmée, ainsi qu'on l'a prétendu à tort. On peut consulter sur ce sujet un écrit portant le titre de : *Arrêt de la Cour du Parlement de Paris et sentence de M. le lieutenant civil, pour la poursuite du pillage arrivé à Paris en la maison du Maréchal d'Ancre. 1616, in-8e de 8 pages.*

5.Dialogue du berger picard avec la nymphe champenoise sur la fortune et gouvernement du Marquis d'Ancre en Picardie, Paris, J. Sara, 1617, 30 pages, avec 2 gravures sur bois.

6. La complainte du Gibet de Montfaucon sur la mort du Marquis d'Ancre. Pièce de vers de 4 ff.in-8°, publiée à Amiens en 1617.

7. Déclaration et protestation des princes, ducs, pairs, officiers de la couronne, etc., confédérés pour le rétablissement de l'autorité du roi et la conservation du royaume, contre la conjuration et la tyrannie du Maréchal d'Ancre et ses adhérens, à Réthel le 5 mars 1617, s. l. 1617, in-4°.

8. Conjuration de C. Concini, Florentin, marquis d'Ancre, Maréchal de France, et le procès fait à sa femme. Paris, 1617-1618, in-8° (par Thévenin).

9 Propos dorés sur l'autorité tyrannique de C. Concini, Marquis d'Ancre, Maréchal de France, prétendant la royauté par l'anéantissement de tous les princes, etc., péri misérablement par la juste fureur de Dieu et la sagesse admirable du roy, et par la main fidèle du sieur de Vitry, capitaine des gardes du roi, le lundi 24 avril 1617, s. l., in-8°.

10. Particularités de la mort tragique du Maréchal d'Ancre. Aix. 1617, in-8°.

11. Recueil de charges qui sont au procès fait à la mémoire de C. Concini, naguères Maréchal de France, et à Léonore Galigaï, sa veuve, sur le chef du crime de lèse-majesté, s. l. 1617.

12. Feux de joie de la France sur la mort du Maréchal d'Ancre. Paris, 1617. in-8°.

13. Défaite du faux amour par l'unique des braves de ce temps. Paris, 1617, in-12.

13. Histoire tragique de Circé, ou suite de la défaite du faux amour. Paris, 1617, in-12.

Ces deux derniers opuscules sont de Boitel de Gaubertin.

15. Ælius Séjanus, histoire romaine, s. l. 1617. Rouen, 1620, in-12 (par Pierre Mathieu).

16. Histoire tragique du Maréchal d'Ancre et de sa femme depuis le traité de Loudun jusqu'à leur mort, s. l. n. d.

17. Rencontre du Maréchal d'Ancre et de sa femme

en l'autre monde et leurs discours avec Henri IV, s. l. et s. d., in-8° (Voy. n° 35).

18. Histoire du Marquis d'Ancre et de sa femme. Paris. 1617, in-8°.

19. Lettre du roi écrite à MM. du Parlement en Provence, sur la mort du Marquis d'Ancre. Aix, 1617, in-8°.

20. La Médée de la France, dépeinte en la personne de la Marquise d'Ancre, s. l., 1617, in-8°.

21. Juste punition de Lycaon florentin, surnommé Marquis d'Ancre, s. l. 1617, in-8°.

22. Arrêt de la Cour du Parlement prononcé contre le Maréchal d'Ancre et sa femme, exécuté à Paris le 8 juillet 1617, in-8°.

23. Le roman de Conchine et de sa femme, contenant leurs vies, faits et gestes, depuis leur arrivée en France jusqu'à l'exécution de leurs personnes, s. l., 1617, in-8°.

24. Bref récit de tout ce qui s'est passé pour l'exécution et juste punition de la Marquise d'Ancre. Paris, 1617, in-8°.

25. Discours sur la mort d'Eléonore Galigay, femme de Conchine, Marquis d'Ancre, exécutée en grève le samedi 8 juillet 1617, in-8°.

26. Histoire générale du Maréchal et de la Maréchale d'Ancre, tirée du livre de Bocasse, intitulée : *Les nobles malheureux*. Paris. 1617, in-8°.

27. Entrée et réception qui a été faite au Maréchal d'Ancre aux enfers, avec le pourparler de Ravaillac avec lui. Paris, 1617, in-8°.

Quelques libellistes acharnés n'ont pas craint d'imputer à Maris de Médicis, à Concini, à d'Epernon, le crime de Ravaillac. M. Gazier réfute ces calomnies, et établit que Ravaillac n'avai aucun complice (*Revue politique et littéraire du 12 mai 1877*).

28. Soupirs et regrets du fils du marquis d'Ancre sur la mort de son père et l'exécution de sa mère. Paris, 1617, in-8°.

29. Histoire recueillie de tout ce qui s'est passé tant à la mort du Marquis d'Ancre que de Léonore de Galigay. Moulins, 1618, in-8°.

30. Recueil de XLIII pièces contre le Maréchal d'Ancre et sa femme. — Au nombre de ces pamphlets se trouvent aussi deux pièces dramatiques : Marquis d'Ancre ou la victoire du Phœbus françois contre le Piton de ce temps, Paris, 1617, in-8° ; et la Magicienne étrangère. Rouen, 1617, in-8°.

31. Royaliste (le) françois, respirant son estre que le Ligueur et desnaturé Coyoniste estouffoit. Aux Princes. 1617. Estienne Perrin, in-8° de **8 p.**

32. Actions (les) et regrets de la Marquise d'Anchre après la prononciation de son arrest. Et les particularitez notables de tout ce qui s'en est ensuivy. 1617. Abraham Saugrain, in-8° de **8 p.**

33. Stances au Roy sur la mort de Conchine, Marquise d'Ancre. 1617. Abraham Saugrain, in-8 de **5 p.**

34. Resveil du soldat François. Au Roy. Sur la juste punition du Marquis d'Ancre. 1617. Estienne Perrin. in-8° de **8 pages.**

35. Rencontre (la) du Marquis et de la Marquise

d'Anchre en l'autre monde. Ensemble leurs discours avec le Roy Henri-le-Grand. 1617. Abraham Saugrain. in-8° de 8 p. (Voy. n° 17).

36. Histoire générale du Mareschal et de la Mareschale d'Ancre. Par le sieur D. P. 1617. Joseph Bovillerot, in-8° de 13 p.

37. Récit véritable de ce qui s'est passé au Louvre depuis le vingt-quatrième avril, jusques au départ de la Reyne mère du Roy. *Lyon*. Nicolas Jollieron. 1617. In-8° de 20 p.

38. Arrest de la Cour de Parlement contre le Mareschal d'Ancre et sa femme. Prononcé et exécuté à Paris, le 8 juillet 1617. Fed. Morel et P. Mettayer. 1617. In-8° de 13 p.

39. Lettre du Roy aux gouverneurs de ses provinces. 1617. Fed. Morel et P. Mettayer. In-8° de 12 p.

40. Chapitre du procès faict à la mémoire de Conchino Conchini, naguères Mareschal de France, et à Léonora Galigay sa vefve. In-8° de 8 p.

41. Procez (le) du Marquis d'Ancre. 1617. Abraham Saugrain. In-8° de 8 p.

42. Tragédie du Marquis d'Ancre ou la victoire du Phébus François contre le Python de ce temps, où l'on voit les desseings tragiques, tyrannies, meurtres, larcins, mort et ignominie du dit Python. 1626. Tragédie de la Marquise d'Ancre ou la Magicienne estrangère, en laquelle on voit les tiranniques comportemens, origine, entreprise, desseins, sortilèges, mort et supplice tant du Marquis d'Ancre que de Léonor Galligay sa femme, avec l'avantureuse rencontre de leurs

funestes ombres par un bon François nepveu de Ro-
thomagus. 1626. 2 pièces en un vol. pet. in-8°. Décrit
d'après un exemplaire aux armes du duc de la Val-
lière.

Ces deux pièces en vers sont très rares.

42 (bis). Histoire de la ville d'Amiens par le R. P.
Daire. Paris, 1787. 2 vol. in-4°.

Le P. Daire n'est pas favorable à Concini, mettant
volontiers les torts de son côté, mais sans aller au
fond des questions et sans scruter tous les témoignages ; il commet plusieurs erreurs qui se trouvent
rectifiées dans le présent travail. C'est ainsi que, à la
page 401 du tome 1er, il est dit que le Maréchal songea à prendre la citadelle en 1615 ; on sait qu'il y était
alors installé depuis longtemps. Il n'eut, au contraire,
qu'à la défendre à cette époque contre les entreprises
de M. de Longueville.

43. Cenni storico-critiche su la vita di C. Concini,
Maresciallo d'Ancre. Firenze, 1839, in-8°.

44. Assassinat du Maréchal d'Ancre : relation anonyme, attribuée au garde des sceaux Marillac, avec
un appendice extrait des mémoires de Richelieu. Paris.
1852, in-12.

Voyez ce que dit Brienne, dans ses *Mémoires*, édi-
tés par Barrière en 1828, t. 2, p. 248, au sujet de la
relation en forme de journal de la mort du Maréchal
d'Ancre, relation à laquelle Brienne père aurait mis la
main.

45. Notice sur la citadelle d'Amiens, par M. Goze.
1871.

Dans les trois articles publiés dans le *Mémorial d'Amiens* les 13, 23 et 30 septembre 1871, le Dr Goze, notre estimable et regretté collègue, se montre peu favorable à Concini, en rééditant contre lui les libelles du temps passé. Cette irritation rétrospective s'explique jusqu'à un certain point par la démonstration que l'auteur voulait faire des dangers de la citadelle pour les habitants, soit en cas de défense, soit en cas d'attaque : occupée par Concini, ou par les Prussiens, ou par tout autre, en cas de troubles ou de guerre, cette forteresse peut être pour la ville une cause de ruine ; donc il faut la démolir, dit M. Goze, en conservant la porte Montrescu, — car il n'oubliait pas qu'il était archéologue et inspecteur adjoint des monuments historiques.

La plupart de ces pièces, et cent autres au moins que nous ne citons pas ici, le n° 29 et quelques autres exceptés, sont des pamphlets et des libelles souvent odieux, comme en savent faire de cruels ennemis, et certaines plumes vénales, qui ont cherché à atteindre même le fils des victimes, un enfant de 14 ans !

A ceux qui tombent du pouvoir, on n'épargne jamais le dénigrement; mais aux Concini, on ne fit grâce d'aucun outrage, ni d'aucune invective. Il n'y a rien eu de comparable, si ce n'est sous la Fronde et contre le Cardinal Mazarin, dont le règne fut criblé de milliers de pamphlets. Mais Mazarin eut le bonheur de sortir vainqueur de la lutte et de ne pas périr de mort violente, comme le Maréchal d'Ancre.

Nous ne clorons pas cette liste bibliographique sans

y ajouter l'indication des diverses publications du chanoine de la Morlière, qui a beaucoup écrit à la louange
de la famille d'Orléans, ainsi que nous l'avons déjà
dit. Mais en même temps qu'il loue cette grande famille, il attaque ses rivaux, au nombre desquels est
naturellement Concini, par des sonnets pleins d'allusions et d'épigrammes, souvent déguisés sous les titres les moins attendus. Ce n'est guère·qu'après le
départ du Maréchal d'Ancre, qu'il parle à peu près
ouvertement, et s'en donne à cœur joie. Si médiocres
et si originaux que soient ces vers, il faut les signaler (1).

46. Bannissement volontaire et spirituel du pécheur.
A la duchesse de Fronsac, Anne de Caumont, comtesse de Saint-Pol. 1611, 12 p. in-4°.

« Quoy ? des soupirs aux contents ? des larmes aux consolez ?
la guerre en un mot à une princesse qui de tout temps a si bien
traicté de la paix avec son Dieu ? J'ai pensé n'estre qu'avec la raison de vous faire voir ce lamentable propos, non pour y reconnoistre vostre desconvenue, mais seulement pour y déplorer la
misère d'autruy. »

N'y a-t-il pas là une allusion à l'éloignement du
comte de Saint-Pol lors de l'arrivée de Concini à
Amiens ?

47. A très havt et très pvissant Prince, Monseignevr
M. Henry d'Orléans, duc de Longueville, gouverneur

____

(1) Dans un de ses sonnets, de la Morlière donnait un jour à
Madame de Fronsac l'explication suivante de l'origine du lis :

    Le lis naquit du lait de Junon,
    Outre que les rois le portent en leur escusson.

et lieutenant général pour sa Majesté en Picardie, Boulonnois, Arthois et pays reconquis, faisant son entrée en la ville d'Amiens Polyrrhoé (à cause des canaux qui arrosent cette ville). 1613 (1614). 24 p. in-4°.

48. Confiance du péchevr à la naissance dv fils de Dieu av monde. A très havte et très vertvevse Princesse, Madame M. Catherine de Gonzague, duchesse de Longueville et d'Estouteuille. 1615, 16 p. in-40, vignette sur le titre.

« Dans ces petits écrits que je donne parfois au public et qui ne sont, à vray dire, que des vostres, ou aux vostres (1), je me suis trouvé pour un temps empesché de vous y garder le rang que demande vostre grandeur, pour n'avoir ce bonheur qu'à tard, de jouir non plus de vostre vue que de vos bonnes grâces. »

49. A très havt et très pvissant Prince Monseigneur M. Henry d'Orléans, duc de Longueville... A son retour en la ville capitale d'Amiens Callirrhoé. 1616, 14 p. in-4°.

De la Morlière donne à entendre que Callirrhoé veut dire *bien coulante*, estimant que les deux boulevards regardant la ville dussent être rasés, les affaires y semblant bien être disposées, c'est-à-dire la prise de la forteresse et la ruine de Concini.

Mais, ajoute-t-il, nos jugements sont incertains.

50. Antiquitez, histoires et choses plus remarquables de la ville d'Amiens... Paris, Moreau, 1627, in-4°.

(1) De la Morlière avoue là qu'il est en quelque sorte l'apologiste en titre de la famille d'Orléans.

Dans ce volume ont été réédités les n⁰ˢ 46 à 49, et il s'y trouve diverses particularités sur Concini, dont nous avons précédemment fait quelques mentions. Nous ajouterons ici l'appréciation suivante, faite par de la Morlière, du gouvernement de Concini :

« M. de Longueville impatient d'amoureuse ardeur arriva dans sa ville natale, en fin du mois d'août 1614, sans faire entrée ; mais il la trouva préoccupée par excez et miracle de la faveur qui agitèrent diversement et partroublèrent en mainte sorte les premiers ans de ce prince, et causèrent de grandes partialitez én ce païs : et certes cela est bien à contre cœur à un grand de race et de mérites qu'il calle voiles soubs un moindre que luy, et supporte l'insolence de la nouvelle fortune d'un homme de peu. Aussi fallut-il que le Mareschal cedast, esblouy de la vertu du prince, et à grand regret abandonna sa bien-aymée la citadelle d'Amiens, se retirant en Normandie dont il fut faict gouverneur. »

Parmi les adversaires de Concini et les plus chauds partisans du duc de Longueville, se trouvait, outre de la Morlière, combattant le Maréchal avec la plume, un autre chanoine, Adrien de Saisseval, portant l'aumusse habituellement et les armes au besoin. Ce dernier avait suivi M. de Longueville dans sa retraite après la tentative sur la citadelle, et rentra à Amiens avec le duc et après le départ du Maréchal. C'est à l'occasion de ce retour que le poète de la Morlière se mit à distribuer des couronnes (Voy. n⁰ 49) :

> Chez moi verdist l'immortelle couronne
> Du gay lierre et triomphant laurier,
> L'une au repos, l'autre propre au guerrier ;
> Pensez des deux celle que je vous donne.

C'est une couronne de laurier qu'il offre au guerrier de Longueville, et à M. de Saisseval une couronne de lierre.

> La guerre est fausse, et saison de banquets,
> Bon le lierre entre les affiquets
> Duisons à table ; ornons-en la mémoire
> (Par le bon vin reschauffant la vertu),
> D'avoir ainsi vaillamment combattu,
> Vous de l'espée, et moi de l'escritoire.

Pourquoi du lierre, puisque M. de Saisseval avait tiré l'épée? Voici la raison que le chanoine en donne : « Ces feuilles vertes, je ne sçais par quelle modérée froideur sont propres à rembarrer et rabattre les fumées du vin. »

C'est surtout du sonnet suivant que s'échappe l'encens le plus enthousiaste du poète pour les d'Orléans, en la personne du jeune duc de Fronsac :

> D'or est son chef; de sa bouche dorée,
> D'or sont les mots; tout y est d'or léans :
> Mieux que d'or fin sa riche âme au dedans
> Est de vertu et de grâce parée.

Dès avant sa naissance, dans un sonnet adressé à sa mère, de la Morlière pronostiquait que ce futur duc de Fronsac, et non moins futur illustre guerrier, renverserait les murailles de Suse et de Babylone.

> Mais sous ce prince horriblant vos combats,
> Irez plus loin, si que ruerez à bas
> Les murs de Suse et ceux de Babylonne.

. . . .
Que de frayeur l'Espagnol en frissonne (1) !

Electrisé par le retour du duc de Longueville à Amiens, après la démission de Concini, il s'écrie :

Cessons nos pleurs. . . . . .
Le revoicy ce prince généreux,
Le revoicy, dont mon cœur amoureux
De si longtemps esperdument souspire.

Qu'on dresse, dit-il, comme trophée à sa gloire, une statue en marbre blanc, emblème de la liberté,.

Au bas du fort tristement déserté.

. . . .
Le roy auprès dans un trône d'yvoire
Sera joyeux, contemplant la Gayté.

. . . .
Foulant aux pieds toute sorte d'affront,
Debout sera mon prince sur le pont (2),
D'un ris de l'œil accueillant ses gendarmes ;
Et nous, passant, fleschirons les genoux,
Disant : Gaillars : ô Prince, c'est de vous
Que nous tenons et l'honneur et ces armes.
Puisse-t-il toujours, chéri de ses amis,
Jeter la crainte au cœur des ennemis !

Evidemment le poète et le partisan se donne là libre carrière et n'a plus de réticence pour exprimer

(1) De la Morlière n'aimait pas les Espagnols ; cela se comprend : ne les avait-il pas vu envahir sa patrie ? Il avait été aussi opposé à la Ligue, qu'il appelait « un mal désastreux. »

(2) Parce que là, dit-il, fut traîtreusement assassiné le seigneur de Prouville, au grand regret de M. de Longueville.

ses propres sentiments (1). Il faut donc faire la part de l'enthousiasme du poète triomphant. Constatons toutefois à sa loüange que de la Morlière n'est pas au nombre des apologistes de l'assassinat du Maréchal.

La population n'est pas sortie en cette occasion du calme qu'elle avait conservé pendant les luttes qui avaient eu lieu entre le Duc et le Maréchal, se disputant le pouvoir. Le peuple n'aspirait pas alors à gouverner, et n'était même pas consulté sur le choix de ceux auxquels il était soumis.

51. *Le Courrier de Pluton*, à Cologne, chez Pierre Marteau, 1718, in-12, de 64 p. (2).

Après avoir énuméré tant de libelles contre Concini, et il semblait sans doute qu'on ne pouvait faire autre chose, n'est-il pas étonnant de rencontrer au siècle dernier, dans un autre pamphlet, une sorte de défense du malheureux Maréchal, au moyen d'un parallèle entre lui et le duc de Luxembourg ? C'est le marquis d'Encre qui parle au Duc et lui dit :

« Quoique je ne fusse pas d'une maison si fameuse que la vôtre, mon esprit et ma vanité rendirent ma part assez belle, et, si vous étiez né ce que j'étois, peut-être seriez-vous demeuré dans l'obscurité. Je ne vous ferai point l'histoire de ma vie et de ma mort, qui sont si connues ; le sort qui élève et qui abaisse

(1) Il disait auparavant : « La nue vérité toute peureuse n'ose sortir en place. »

(2) Cette satire se trouve souvent réunie à celle intitulée *Luxembourg aparu à Louis XIV sur le rapport du P. Lachaise fait à la Sainte Société*, 1718.

me rendit un exemple mémorable de ses caprices; cependant il fallut de la supercherie pour m'accabler, et si j'avois pu me défendre, je ne l'aurois pas fait avec moins de succès que j'en eus à remporter ces avantages qui me firent, aussi bien qu'à vous, donner le titre de maréchal de France. On m'accusoit d'être sorcier, et de porter des caractères magiques au lieu de scapulaire.... Il court ici des almanachs qui ne vous promettent rien de bon. Que pouvait-on me reprocher plus qu'à vous ? »

Evidemment, cela est dit sur un ton ironique, et Concini n'est pas réhabilité par cet écrit ; mais la comparaison faite pour arriver à dire qu'il n'était pas plus coupable qu'un autre, à une époque où tous les ambitieux l'étaient, ne manque pas de sens et de justice.

52. *Essais sur l'histoire de Péronne,* par Eustache de Sachy (manuscrit édité par M. Caron), Péronne, Trépant, 1866, in-8° de XIX et 486 p.

Le chanoine de Sachy écrivait au siècle dernier, en mettant à profit les écrits d'anciens auteurs. Nous empruntons à son travail ce qu'il dit de Concini et des siens, auxquels il était peu favorable, comme on va le voir ; nous ajouterons à ce récit quelques commentaires et divers autres faits puisés dans divers documents.

« C'est en 1611 que Concini obtint de la reine le gouvernement de la ville et la lieutenance générale des bailliages de Péronne, Montdidier et Roye. Charles de Créqui, prince de Poix, qui, en 1604, avait suc-

cède à Louis d'Ongnies, comte de Chaulnes, successeur en 1594, de M. d'Estourmel, fut contraint de se
démettre de son gouvernement en faveur du favori.

Le jour où Concini fit son entrée à Péronne, le
19 août 1611, il arriva une aventure qui eut des conséquences fâcheuses. Un des gentilshommes de sa
suite, ayant voulu arracher des mains d'un sergent
aux gardes bourgeoises le drapeau qu'il portait, celui-
ci refusa de lui céder son étendard, et une lutte s'en
suivit, dans laquelle le sergent tua d'un coup de lance
le cheval de son agresseur et s'empara de son chapeau.
Le gouverneur, quoiqu'extrêmement irrité, vit bien
qu'il n'était pas temps de sévir et de se venger ; il pria
les principaux habitants de la ville de faire rendre le
chapeau à son gentilhomme et partit de Péronne
quelques jours après. Il laissa dans la place M. de
Favel ou de Faverolles, lequel fut nommé lieutenant
du roi, en remplacement de M. de Riquebourg, dé-
missionnaire.

En octobre 1615, le duc de Longueville fit son entrée solennelle à Péronne, en qualité de gouverneur
général de la province ; il faisait alors partie des *mécontents*, qui voulaient renverser le favori, et les Péronnais, voyant en lui un auxiliaire contre Concini,
étaient heureux de pouvoir fêter un personnage aussi
influent, qui pouvait les défendre au besoin.

Peu de temps après, les seigneurs mécontents,
Condé en tête, se mirent en campagne et rallumèrent
la guerre dans les provinces ; cette rébellion fut suivie
de la paix de Loudun en mai 1616, au retour du roi,
de Bordeaux, où il était allé recevoir sa fiancée.

Le duc de Montbazon était gouverneur de la citadelle d'Amiens, à la place de Concini.

Les habitants de Péronne avaient envoyé en cette année une députation au roi, pour se plaindre de Concini, auquel ils reprochaient de vouloir supprimer ou empêcher l'exercice des privilèges accordés aux bourgeois de la ville par Henri IV, ce qui était pour eux une *chose horrible* (1). Une seconde pétition, dans laquelle on se plaignait surtout du lieutenant Favel et de la garnison, logée en partie chez les habitants, fut encore portée au roi par MM. de Haussy et Le Vasseur, à la fin de la même année (Page **276** de l'*Essais sur l'Histoire de Péronne, par de Sachy*, publié par M. C. en 1866).

A cette époque, le Maréchal d'Ancre s'était démis de son gouvernement, dont Bernard Potier, chevalier, seigneur de Blérancourt, marquis d'Annebant, fut mis en possession. Il fit son entrée à Péronne, comme gouverneur et grand bailli, le 30 novembre 1616. Le lendemain, il reçut les clefs du château et son gouvernement des mains de M. de Mesmes, enseigne au régiment des gardes, auquel le duc de Longueville avait remis provisoirement le commandement de la place, le 23 octobre précédent.

C'est le 25 avril 1647 que l'on apprit à Péronne, *avec joie*, dit M. de Sachy, la *mort tragique* de Concini.

(1) Peu de temps après la démission de Concini, le 81 octobre 1616, on apprit aux Péronnais que le roi avait rétabli les Bourgeois dans leurs anciens privilèges. Dès le 27 août 1616, le château s'était rendu à M. de Longueville.

Il s'en faut que la joie des Péronnais fût aussi universelle que le dit M. de Sachy; il faut restreindre la manifestation de ce contentement aux amis de M. de Longueville, car les partisans du Maréchal n'avaient pas lieu de se réjouir.

53. *La Florentine,* drame en 5 actes, représenté sur le théâtre de l'Odéon, le 28 novembre 1855, précédé d'une lettre de P.-J. Proudhon. Paris. Michel Lévy. 1856, in-18. — Publié aussi in-f° dans le *Théâtre contemporain illustré*, avec les prénoms *Charles-Edmond*, pour désigner l'auteur.

C'est Eléonore Galigaï, femme de Concini, qui est l'héroïne de ce drame, dont la paternité a été attribuée au prince Napoléon, mais imprimé et représenté sous le nom de Chojeski (Charles-Edmond), alors conservateur de la Bibliothèque du Sénat impérial. D'après Quérard, ce nom doit s'écrire Choiecki, et il ajoute que ce personnage était le commensal du Prince, auquel il avait bien voulu servir de prête-nom.

M⸲ Toscan remplissait le rôle de la Maréchale d'Ancre, Rey, celui du Maréchal, Larrey joua le rôle de Charles d'Albert, capitaine-général du Louvre (de Lúynes). C'est surtout entre ces trois personnages que se passe l'action dramatique. D'Albert dit : « Ce n'est pas d'Ancre, c'est sa femme qu'il faut craindre... Eléonore est une idée, un système, une politique !.... Elle comprend que la première force d'un roi, c'est l'autorité, et la première vertu d'un peuple, l'obéissance; mais elle veut l'unité du pouvoir pour elle. Homme pour l'audace, femme pour la ruse, Italienne pour la vengeance, elle cache sa pensée dans le sourire.., elle dissimule sa main dans les fleurs. Elle n'est jamais plus prête à frapper que lorsqu'elle est calme et souriante. Quand elle sourit, je cherche la tête qui doit tomber !... Oh ! je la connais... Elle caresse une violence, contre qui ? (*bas*) contre Condé ? »

Elle eut plus de part, en effet, à l'arrestation du prince de Condé que son mari ; mais en cela elle fut servie par de Luynes, cet autre ambitieux du pouvoir. On était d'accord pour se débarrasser de l'ennemi commun, sauf pour chacun à jouer un autre jeu afin de demeurer seul maître de la place. En effet, on redouble d'astuce de part et d'autre après l'arrestation du Prince. De Luynes triomphe, la Maréchale est condamnée. Béatrice, sa fille naturelle (1), veut la sauver, mais en vain : « la maréchale d'Ancre saura mourir, » dit-elle elle-même. On l'exécute ! « A moi le pouvoir ! » s'écrie d'Albert de Luynes.

Qu'avait fait le Maréchal d'Ancre jusque là, et avant son assassinat, selon ce drame ? Il était à Lésigny, laissant prendre Péronne par « cet écervelé de Longueville, » et songeant « à divorcer pour s'allier ensuite avec Mlle de Vendôme (2). » — Non, Concini n'avait pas un rôle aussi effacé qu'on le dit dans ce drame; Eléonore, d'ailleurs, ne l'aurait pas souffert;

_____

(1) C'est aussi tout un drame que cette histoire vraie ou fausse d'une fille naturelle de la Galigaï.

(2) On ajoute que c'est pour empêcher ce divorce et cette alliance que la Maréchale avait obtenu pour son mari le titre de connétable; mais rien ne justifie cette allégation, plus théâtrale que vraie, sans doute.

elle voulait bien le dominer, mais non l'annuler. Ne prend-elle pas sa défense dans ce drame même, à plusieurs reprises? Elle dit à propos de la prise de Péronne : « M. de Longueville n'a pas à se glorifier de sa conquête ; il s'est glissé dans la ville comme un voleur. » Et lorsque d'Albert lui fait observer « qu'Amiens ne bouge pas ; que le duc de Bouillon, envoyé pour combattre Longueville, oublie sa mission en route, et laisse aux révoltés ses meilleurs officiers, » la Maréchale répond : — « Un traître ! » Puis, lorsque d'Albert ajoute : « Et le comte d'Auvergne qui loge sa cavalerie dans les campagnes voisines, au lieu de marcher sur Péronne ! « — « Un lâche ! » s'écrie-t-elle. Enfin on la voit pousser son mari à la résistance contre ses ennemis, en lui révélant tout ce qui se trame contre lui et contre le gouvernement, tout ce qu'elle a pu savoir par son adresse de Luynes et de bien d'autres.

Mais Concini devait succomber par le crime si bien préparé par ses adversaires ! C'est ce que ce drame met en pleine lumière.

Nous citerons encore, à cause de son titre, la pièce suivante :

54. — *Testament du Maréchal d'Ancre.*

Je, qui ne voudrois pas mourir sans testament,
De franche volonté le fais de cette sorte :

Je ne veux qu'à ma mort aucun de mon deuil porte
Mais qu'on boive, qu'on chante, et qu'on danse gaiement.

Je veux n'être enterré qu'une nuit seulement,
Et que le jour suivant, au gibet on me porte ;

Qu'on y brûle mon corps, et que le vent emporte
Mes cendres, mes grandeurs à mon contentement.

Je laisse pour toujours, la *Bastille* à ma femme ;
A mon frère, le lot de mon renom infâme ;
Penne, avec mon comté, je la donne à mon fils ;
A *Barbin*, mes malheurs et la haine des Princes.
Le surplus de mes biens, épars en cent provinces,
Je les laisse à mon Roi, à qui je les ai pris.

C'est Delaporte, dans son *Recueil de Variétés*, qui
enregistre ce prétendu testament, qui n'est autre qu'un
plat libelle.

AUTOGRAPHES & MANUSCRITS.

1. Lettre de Louis XIII aux échevins d'Amiens pour leur annoncer la promotion du Marquis d'Ancre aux états de bailli, gouverneur et capitaine d'Amiens, avec mandement de le bien recevoir (6 août 1611), et une autre lettre de Marie de Médicis, dans le même sens (août 1611). Archives de l'Hôtel-de-Ville d'Amiens, originaux en parchemin, liasse 12, pièces 15 et 16.

2. Manuscrits de Machart (B. d'Amiens).

3. Manuscrits du P. Daire, doyenné d'Encre (B. d'Amiens).

4. Manuscrits de Decourt (B. d'Amiens).

5. Archives diverses sur l'Oise et l'Aisne.

6 Minutes de diverses études de notaires ; quelques grosses où la formule exécutive est au nom de Concini, bailli, lieutenant-général pour le Roi, etc.

7. Archives du Bailliage.

8 Recueil de pièces diverses (B. d'Amiens).

9. Lettres et correspondances particulières.

10. Archives d'Abbeville et manuscrits particuliers.

11. Une lettre de Concini à M. de Nérestan ou Nérestang, commandant de la citadelle d'Amiens (13 septembre 1615), permet à ce dernier d'aller à Montdi-

dier avec **M. de Mony.** Une entreprise sur Péronne était à craindre.

12. Dans une lettre datée d'Amiens, 17 septembre 1615, vendue il y a quelques années par M. Charavay, on lit le passage suivant :

« J'approuve que le Marquis de Mony s'approche d'Amiens. Il ne faut laisser dans Montdidier que les troupes nécessaires à la défense de la place. Je mande au Maréchal de Boisdauphin de ne disposer de mes troupes que pour la nécessité de cette province, que je ne dois pas abandonner facilement que pour une bonne occasion, estant résolu de nétoyer tout ce qui nous peut donner de l'empêchement. »

13. Dans une autre lettre de Concini au même M. de Nérestang (1615), on lit entre autres détails relatifs à la guerre entreprise par les princes contre le roi : « Concino informe M. de Nérestang que la compagnie du baron de Lesigny a passé au pont de l'Estoile, et s'est dirigée sur Corbie. » Cette lettre est cotée 80 fr. dans le catalogue Charavay, n° 176.

14. Lettre du Maréchal, octobre 1615, mandant à M. de Nérestang qu'il donne à la cavalerie et à l'infanterie étant à Villers-Bretonneux l'ordre de se tenir prêts, et qu'il se trouvera le lendemain matin avec la cavalerie pour secourir Corbie.

Les lettres suivantes, signées de Concini, fournissent aussi des renseignements non moins intéressants que ceux qui précèdent (Beauvillé. *Documents inédits*, p. 594 et s).

15. Lettre du 9 septembre 1615 relative aux faits

de guerre à Chauny et Ham ; elle contient ce passage énigmatique :

« Prenné bien vostre parti et souvené de ne négliger le paisan qui vous parla dans le jardin, quant il viendra vous trouver. »

16. Dans une autre lettre du 12, on lit :

« Je viens d'avoir adviz tout présentement que les ennemis veulent attaquer Péronne, je vous prie de considérer si fault envoyer des ommes et de les envoyer promptement tant de pied que de cheval en envoyer y a quelque ome de comandament, cependant je vous diray que j'y ay envoyé Beauprim (Riberpré), et je vous soupplie de luy donner. Puis le (nom douteux) m'a escrit de vous en avoir, donné adviz. Je souis vostre affectionné. » — A M. de Nérestan (1).

17. Citons encore une *lettre du Roy* escrite à M. d'Halincourt sur la mort du Maréchal d'Ancre. Lyon, N. Jullieron, 1617, in-8°. Pièce non mentionnée par Montfalcon.

(1) M. de Nérestan, maréchal de camp, fut tué au siège de Turin, en 1639.

CHAPITRE VIII.

PIÈCES JUSTIFICATIVES.

A

Documents relatifs a l'entrée solennelle de Concini a Amiens.

Les registres aux comptes de la Mairie d'Amiens m'ont fourni les indications suivantes :

« A Charles Lefebure xv l. à luy ordonné pour quelques tapisseries par luy livrées et décors par luy faits pour la réception de Monseigneur le marquis dancre lors de son arrivée en ceste ville. »

« A Nicolas Maronisse, peintre, xvi l. à luy ordonné pour armoiries par luy faites tant du roy que de Monseigneur le marquis dancre qui ont été mises et posées tant à l'entrée de la ville que au logis où mondit seigneur est descendu. En ce compris les armoiries aux chevaux de livrées. »

« A Armand Caron, cent sols à luy ordonné pour deux petites gasmelles de fin estain qui ont servy pour le vin présenté à Monseigneur le Marquis à son entrée en ceste ville. »

« A Louis de Lespinoy, menuisier, xvii l. à luy ordonné, pour plusieurs travaux par luy faicts à l'aide de ses ouvriers à l'occasion de l'entrée de Monseigneur le marquis... »

Les registres aux comptes de 1611 à 1617 pourraient donner encore, sans doute, d'autres renseignements intéressants ; mais ils sont dans un tel état de vétusté qu'en les feuilletant, ils tombent en poussière. Je vous les communique tout dégradés qu'ils sont, me disait en me les soumettant le secrétaire en chef de la Mairie, lequel, depuis quelques années, s'est réservé la garde des archives municipales, en attendant la création d'un emploi d'archiviste spécial. Les richesses qui sont là en valent la peine.

Un manuscrit intitulé : *Chapitres généraux*, n° 517, p. 251, Bibliothèque d'Amiens, nous donne les détails complémentaires suivants sur l'entrée du nouveau gouverneur.

1. *Entrée du Marquis d'Encre.*

« Au chapitre tenu le 16 mars 1611 de secundo adventu Egregii et Generosi domini Marquisi de Encra, locum tenentis generalis in hac Picardiæ Provincia, dictum fuit sequi opportere quod factum extitit tempore domini de crévecœur, pro habito tamen arbitrio domini comitis sancti Pauli apud quem missus est consulturus nobilis D. Cantor, Raimondus de Lamartonie, ex parte R. Dni Episcopi. »

2. *Entrée de M. de Conchine.*

Au chapitre tenu le 12 août 1611. Moniti domini quod Egregius dominus de Conchine electus et nominatus a dño nostro rege, et excellentissima sua matre pro locum tenente in hac provincia et in hac urbe, loco defuncti Domini de Tragny, adventurus in proxima die dominica, concluserunt ad portale majus, et si tempus et occasio postulet remittere matutinas ad horam quartam die sequentis de mane, et postea offerre panem et vinum more solito, cum precibus ecclesiae.

L'entrée du Maréchal d'Encre.

Le quatorziesme jour d'aoust mil VI^c unze Monseigneur le
marquis d'Encre a faict son entrée en la ville d'Amiens, assisté
de grand nombre de noblesse. Ont esté les compagnyes privilégiées et XXV hommes choisis de chacune compagnye de bourgeois aux environs la porte tant dedans que dehors et dans le
fauxbourg. A esté receu à la porte pardedins la ville par Me Anthoine Deberny et Me Anthoine Deppre eschevins ; dela est allé à
Notre-Dame ou il a esté receu par Monsieur l'Evesque d'Amyens
et le clergé en la manière accoustumé, et de l'Eglise est venu
descendre en la maison de M. le premier en la court de laquelle
maison M^{rs} les eschevins l'attendoient et lont sallué et luy a esté
faict la harangue au nom de la ville par le dit S^r premier eschevin.

Et incontinent après, les présens advisés luy estre faictz luy ont
esté présentés par le m^e des presens.

Le seizième jour d'aoust mil VI^c unze, Messieurs les Eschevins
estans advertis que Monseigneur le Marquis d'Encre, lieutenant
général pour le Roy en ceste province, Gouverneur de ceste ville
et bailly d'Amyens, tient demain sa première séance de Bailly d'A-
miens, ont esté en corps le saluer en son logis en *quallité de
Bailly d'Amyens*, luy a esté faict la harangue au nom de la ville
par le S^r premier eschevyn, et immédiatement après luy ont esté
faictz les présens telz et semblables qui luy ont esté faictz en
quallité de *Lieutenant Général*. Le tout selon et ainsy quil est
acoustumé faire, et led. jour de mardy XVII^c aoust mondict seigneur a tenu sa première séance de Bailly d'Amyens au siège
dud. Bailliage et faictg un festin led. jour en la salle de la mal-
maison auquel ont esté ynvitez Messieurs les Eschevins et officiers
de la ville.

(59e *Registre aux délibérations d'Eschevinage d'Amiens*, fol.
54 V^o.)

B

Le XIIIIe jour de février mil VI^c quatorze, en *la chambre du Conseil de l'hostel commun* de la ville d'Amyens où estoient assemblés Messieurs les Eschevins, Monsieur de Riberpré, lieutenant de Monseigneur le Maréchal d'Encre, y est entré et avec luy le Sr de Cressy Longueval, lequel a présenté une lettre de la part de la Royne adressante à mesd. S^{rs} par laquelle elle leur mande ladvis quelle a du mescontentement de Monsieur le prince de Condé et du deppart des autres princes quy se sont absentés de la court à son desceu et néanmoins qu'elle n'en pœult sçavoir la cause leur ayant donné tout occasion de contentement quy luy faisait croire quilz retourneroient bientost en la court, ayant envoyé pour ce subject vers mon dict seigneur le prince, Monsieur le comte de vantador et Monsieur de Boisize conseiller d'estat, et attendant la responce de mondict S^r le prince, elle *mande de se bien garder et de ne lesser entrer personne de plus fort dans la ville et d'empescher toutes menées*, avec commandement de croire led. Sr de Cressy de ce qu'il dira de la part de sa majesté sur ce subject, lequel sieur de Cressy a dict que le Roy desire que les habitans de ceste ville vivent en paix et que l'édict faict concernant ceulx de la relligion prétendue réformée soit entretenu et que lad. dame pourvoira en tout ce qu'elle pourra au soullagement du poeuple, veue laquelle lestre et oy lequel Sr de Cressy a esté ordonné qu'il sera faict responce à la Royne qu'elle sera en tout et partout satisfaicte de la part de la ville en ce qu'elle désire par ses lettres, ce quy leur a esté dict par le d. Sr de Cressy, et sera asseurée de la bonne union des habitans de lad. ville pour son service.

(*59e Registre aux délibérations d'Eschevinage de la ville d'Amiens*, fol. 161 V^o.)

C

Le dimanche deuxiesme jour d'aoust mil six cens quinze, MM. les Eschevins furent mandés par Monsieur de Nerestan commandant dans la citadelle, de laller trouver promptement pour le sercice du Roy, leur ayant mandé par escript que fautte dy aller ils seroient responsables du mal quy arriveroyt, auquel mandement ilz auroient obey dautant mesmes qu'il mandoit que Monsieur de Longueval, lieutenant de monseigneur le marescal d'Ancre au gouvernement de ceste ville, y estoit et y attendoit la compagnye. Ou estans arrivés ils y auroient trouvé Messieurs de St-Jehan, prevost de l'Eglise, président le Quien, Gargant prevost roial, et depuis y seroient arrivés Messieurs Pingré lieutenant général, Scarion conseiller et Famechon procureur du Roy, en la présence desquelz furent délivrées par ledict Sr de Longueval à MMrs les Eschevins les lettres du Roy a eulx addressantes en datte du dernier jour de juillet dernier, ensemble autres lettres de la part de monseigneur le Mareschal d'Ancre lieutenant général pour le Roy en ceste province en datte du premier de ce mois et autres lettres du Roy adressantes à mond. seigneur le Maal en date du dernier de juillet, de toutes lesquelles Lres en fut faicte lecture par le greffier de lad. ville en la présence des dessusd. et lesquelles sont cy apres trancriptes, apres laquelle lecture fut dict à la compagnye par led. Sr De Nerestan *quil falloit aujourdhuy faire le service du Roy et suivre son commandement*, qu'il prioyt la compagnye faire chois de trois choses, scavoir : d'arrester en ceste ville monseigneur le duc de Longueville et d'en respondre vingt quatre heures tant que le Roy en serait adverty, disant quilz feroient un signallé service au Roy. Le deuxiesme, que les habitans luy permissent de se saisir de la personne de mondict seigneur et qu'on empeschast les habitans de prendre les armes, quil feroit promptement fermer les portes de la ville et envoiroit cent cuirassiers se saisir de la porte de devant du Logis de mondict seigneur et pareil nombre se saisir de la porte de derriere, quil rendroit bon compte au Roy de sa personne ; *quil avoit de quoy dans la ci-tadelle pour faire obeyr le Roy, ses gens et son canon estant tous prestz.* Ou, le troiziesme, de faire en sorte que mondict seigneur sorte de ceste ville promptement, disant à la compagnye quil en soit résolu promptement et sans retarder, autrement il executeroit ce quy luy estoit commandé.

Et après ce discours, quil a réitéré plusieurs fois et en briefves parolles, il sest retiré de la compagnye quil a delessé pour déliberer dans la chambre de monsieur le gouverneur. En laquelle a esté délibéré sur le contenu desd. Lres et n'a esté trouvé à propos de faire arrester par les habitans mondict seigneur, et y permettre qu'il fut arresté par led. Sr De Nerestan, d'autant que les Lettres du Roy ne portent command^t expres de ce faire ; mais seullement *d'empescher qu'il n'entrast dans la ville.*

Et neanmoins a esté advisé pour obeyr au command^t du Roy que mond. seigneur le duc de Longueville sera très humblement supplyé de se voulloir retirer de la ville, puisque c'est la volonté du Roy, et que les Lettres de sa majesté luy seront monstrées, affin quil congnoisse sa volonté, mais que, pour éviter aux emotions quy pourroient survenir paravant faire entendre ces nouvelles à mon dict seigneur le duc de Longueville, fut advisé que les *quatre compagnyes privilégiées* de ceste ville seront posées en armes devant *l'hostel de ville,* et les quartiers garnis d'habitans armés ; et aussy que lesd. Lettres cy dessus seront publiées à son de trompe par les carfours de ceste ville, affin que tous les habitans fussent advertis du contenu dicelles.

Après laquelle déliberation toute ceste compagnye se seroit retirée DANS L'HOSTEL DE VILLE, assistée dud. Sr de Longueval, et en y allant faict commander les gardes cy dessus, et quelque temps après, messieurs Pingré eschevyn, procureur du Roy et Gorganh, auroient esté depputés pour aller trouver mondict seigneur le Duc de Longueville avec les Lettres du Roy pour le supplier très humblement de se retirer de la ville, lesquelz aussy tost seroient retournez à l'hostel de ville et rapporté que *mon-*

dict seigneur estoit ja sorty par la porte de Noion et quilz
navoient peu parler à luy.

Et à l'instant lesd. Lettres ont esté publiées à son de trompe devant l'hostel de ville et par les carfours ordinaires dicelle, et furent aussy toutes les gardes levées.

Et ledict jour, apres midy, messieurs les Eschevins ont depputé ledit Sr Pingré eschevyn et le greffier de lad. ville pour faire entendre au Roy ce quy s'estoit passé en l'execution de ses command^{ts}, auxquels sera baillé Lettres de creance de la part de la ville advenantes tant au Roy que à monseigneur le mareschal d'ancre.

Et ledict jour sur les sept heures du soir seroit arrivé le S^r De la Croix avec mesmes lettres du Roy que celles quy avoient esté receues ce matin ayant créance ; mais ledit Sr Delacroix a dict que voyant laffaire executtée en ceste villé sur le subject de son voiage, il n'avoit rien à dire, sinon quil louoit grandement laction des habitans de la ville et qu'il s'asseuroit que le Roy en receveroit grand contentement.

Ensuit la Teneur desd. Lettres.

De par le Roy.

Chers et bien amez,

Ayant jugé à propos maintenant que nous sommes prestz de nous acheminer en nre province de Guyenne pour laccomplissement de nre mariage et de celluy de nre très chère sœur aisnée de pourvoir à la seureté de noz villes et places pour empescher qu'il ny arrive aucune altercation quy puisse troubler le bien et repos de nos bons subjectz, la paix et tranquillité publicques, mesmes sur loccasion du refus que nre cousin le prince de Condé assisté de noz cousins les ducs de Longueville, de Mayenne, comte de St Pol et mareschal de Bouillon, nous a faict de nous venir accompagner en nre d. voiage, ce quy nous donne asès de subject dentrer en deffiance de leurs intentions, Nous vous faisons celle cy pour vous ordonner de prendre de vre part le soing que vous debvez à la conservaon de nre ville damyens et a cest effect faire faire bonne et exacte garde aux portes dicelle et y donner tel ordre que lesd. prince et seigneur susnomés ou autres sadvouans deux ny entrent sans loctroie ou passeport de nous et quil ny soit fait aucunes praticques ny menaces contraires et préjudiciables a nre authorité et service et repos dicelle ville, sans touttefois vous allarmer ni prendre à ceste occasion aucune ombrage les uns des autres, unis vous conserver toujours en la mesme amitié et intelligence que vous avez eues avec les aultres villes voz voisines soubz lobservaon et entretenement de noz edictz de pacificaon, contenant aussy en lentiere obeissance et fidellité que vous nous debvez et laquelle vous nous avez en toutes occasions tesmoignée, vous maintenant au surplus en ce quy est de vre debvoir, a quoy vous ne feres faulte. Car tel es nre plaisir.

Donné à Paris le dernier jour de juillet 1615 signé Louis, et plus bas Potier, et au dos est escript : à noz chers et bien amez les Eschevins et habitans de nre ville d'Amyens.

Je vous envoye la lettre que le Roy vous escrit par laquelle vous verez particulièrement ce quy est de son intention et que pour empescher les menées et pratiques que l'on pourroit faire pour le bien de son service, elle entend que vous prenez songneusement garde à vre seureté et conservaon en son obéissance, faisant faire la garde a voz portes, et non permetant l'entrée à ceulx que sa majesté Vous désigne ny autre sadvouans deulx sans lestres ou passeport de sad. majeste, et parceque jay receu pareil command^t. Jescris à monsieur de Longueval mon Lieuten. de vous voir sur ce subject et de se parler avec vous en ce qu'il jugera nécessaire pour le bien du service du Roy, et sy pour cela vous avez besoing de ceulx de la citadelle, je leur escris de vous assister en sorte que la force et lauthorité demeure tous jours au Roy ; je sçay que vous estes sy affectionnés au service de Sa

Majesté et que vous avez ung sy notable Interest a vous conserver en son obeissance que je ne vous en diré davantaige, que pour vous asseurer que je suis Vre affectionné à vous servir.

CONCINI.

A Paris le pre aoust 1615.

Et au dos : a Mrs Mrs Les Eschevins et habitans de la ville d'Amyens.

Mon cousin (1), des lors que je pris la resoluõn de mon *voiage de Guyenne* pour laccomplissem. de mon *mariage* et de celluy de ma sœur, je feis aussy estat d'estre assisté et accompagné des princes de mon sang et de la plus part des autres princes et officiers de la couronne comme en une occasion des plus celebres quy puisse arriver durant mon regne ; entre autres jy convie verballem. et feis encores convyer par plusieurs fois mon cousin Le prince de Condé Lequel m'avoit tousjours faict espérer de me donner ce contentement ; neanmoins layant veu depuis qelque mois seslongner de moy jestime à propos de masseurer plus particulierem. de son intenõn sur ce subject; pour cest effect je luy en fis parler par ma cousine la comtesse de Soissons et depuis par mon cousin le duc de Nevers, et recongnoissans que par leur ministere je n'en pouvois avoir aucune resoluõn et que mesme il s'estoit encores retiré de plus loing qu'auparavant, jenvoye devers luy le Sr Villeroy pour le presser de satisfaire à ce quy estoit en cela de mon desir, ou sçavoir de lui le subject quy pouvoit causer son eslongnem. Sur quoy led. Sr de Villeroy s'estant rendu pres de luy et luy ayant faict Instruire de ma part sur ce subject, il luy auroit dict qu'auparavant q̃. de se résoudre de s'approcher de moy et de maccompoigner aud. voiage, il désiroit que je fisse pourvoir a la reformaon de quelque desordre quy

(1) Cette lettre de Louis XIII n'a pas été publiée par Aug. Thierry; nous la donnons en entier, à cause de son intérêt, non-seulement pour la biographie de Concini, mais encore pour l'histoire de France en général.

cstoient dans l'estat, a sçavoir sur la Tenue de mes conseils et sur les remonstrances quy m'avoyent este ftes par ma Cour de parlement, et speciallement de ce quy est de la Justice, avec quelque autre poinctz quy semble toucher plus tost son particulier que le général. Ce que m'ayant esté rapporté par ledit Sr de Villeroy je le renvoyé pour la seconde fois le trouver avec mes Intentions sur lesd. poinctz telz qu'il avoit tout subject de demeurer bien content, et les luy ayant le sieur de Villeroy voulu representer, il auroit entendu de Luy ce dont je l'avois chargé touchant la reformãon de mes conseils, ce quil moustroit approuver, et pour le regard des autres poinctz il declara quil nen pouvoyt traicter sans en avoir conferé avec ses amys, et de faict il partyt en mesme instant de Clermont ou il estoit lors pour aller, à ce qu'il dict, assembler et rencontrer sesd. amys. Ce que m'ayant de rechef esté rapporté par led. Sr de Villeroy et ayant appris que mond. cousin se debvoit trouver peu de jours aprez à Noion ou a Coussy et qu'il y avoit assigné mes cousins les ducs de Longueville et de Mayenne, comte de Saint-Pol, mareschal de Boullon, ne voullant rien lesser en arriere quy luy peust donner subject ou pretexte de retarder davantaige son retour pres de moy et de maccompagner en mond. voiage. jadvisé de renvoyer encores vers luy, pour la iiie fois p̃ty le Sr Villeroy avec charge et pouvoir plus ample sur ce quy pouvoit estre de son contentem., et pour luy donner tesmoignage de mes bonnes intenõns et de ma bienveillance en son endroict ; et depuis quil fut party ayant considéré combien le temps me pressoit pour maccompagner en mond. voiage lequel j'avoye auparavant resolu de faire le 25e du mois passé pour arriver à Bordeaux au commencem. du présent, et ycelluy différé pour donner tant plus de temps et de moien à mond. cousin de se disposer à me venir trouver : voyant que je ne pouvois plus remettre mon partement pour me rendre à Bordeaux dans le huictiesme de septembre ou javois assigné ceulx quy se debvoient trouver pour lez ceremonyes, en ayant mesme donné advis au Roy d'espaigne affin qu'en ce mesme temps il disposast les affaires de son costé, je me résolus de partir de ceste ville sans aucun retardem. le samedy premier jour d'aoust pro-

chain dont jestimé faire advertir mond. cousin et ces autres
princes et seigneurs quy estoient auprès de luy. Pour cest effect
je despesché encore vers lui le Sr De pontcertain (1) avec charge
de se joindre avec led. Sr de Villeroy pour tous deux ensemblem.
luy presenter les Lettres que je luy envoyois sur ce subject, luy
dire que l'estat de mes affaires ne me pouvoit permettre de dif-
férer davantage mond. voiage, le convyer de rechef, de luy faire
instance de my accompagner ainsy qu'il debvoit et me l'avoit
fait esperer, et de venir prendre pres de moy et y tenir le rang
deu à sa quallité & a sa naissance, et que sil avoyt a y apporter
quelque refus ou difficulté, qu'il me le feyt savoir affin que sur
cela je peusse pourvoir a ce quy estoit de mon service. Je donné
charge aussy aud. Sr de Villeroy et de Pontcertain de faire les
mesmes offres a l'endroict de mesd. cousins les *ducs de
Longueville, comte de St-Pol et de Mayenne et mareschal de
Boullon;* mais au lieu de me tesmoigner lobligaõn quils m'avoient
du soing que je prenois de les tenir advertis de mes resoluõns et
les appeller pour m'assister aud. voiage, mondit cousin le prince
de Condé m'a escry une Lettre par laquelle il se plainct de la
trop grande precipitaõn dont j'use pour mondict partement et
me mande qu'il ne poeult my accompagner que auparavant il
naye pourveu aux propositions quil avoit faictes pour la refor-
maõn de mesd. conseils sur les remonstrances de mad. court de
parlement, et autres particularités quy me tesmoignent assez quil
na eu aucun desseing que de esloigner et remestre sy longtemps
mon partement pour mond. voiage, quil m'en faict perdre la com-
modité pour ceste année et possible estre de rompre le subject
dicelluy, estant secondé en ceste mesme oppinion de ne m'accompagner aud. voiage par les princes et seigneurs susnomés, du
conseil desquels il s'est servy pour me faire lad. Lettre, et quy
ont sur cela déclaré ausd. Srs de Villeroy et de Pontcertain avoir
pareille intention lorsquils leur en ont parlé de mapart: en quoy
je me suis trouvé dautant plus desceu que je donnois à mondict
cousin ung entier contentement sur tous les poinctz ql avoit pro-

(1) Sans doute Pontchartrain.

posé aud. Sr de Villeroy concernant le public bien, est vray que j'ai esté adverty qu'il avoit faict entendre par aucuns de ses confidens serviteurs des advantaiges quil désiroit pour son particulier, comme avaient faict aussy quelcuns des autres susnomés, sur lesquels nayans receu la satisfaction quilz pouvoient désirer, lon poeult croire que cela a peu aider au refus quils ont faict de venir avant moy. Maintenant je suis obleigé estant sur le poinct de partir de pourvoir à la seureté de mes villes et places, et d'empescher quil n'arrive aucun desordre au préjudice de la paix et tranquillité publicque, ne pouvant que demeurer en grand ombrage, jalousye et deffiance sur lesd. refus que mond. cousin et ces autres princes ont faict de me donner ce contentement que jactendois deulx en une occasion sy remarquable et que contre mon desir et intention ilz demeurent de deça avec tesmoignage de mescontentement, c'est pourquoy jestime quil est a propos que ceulx quy ont charge dans mes provinces prennent songneusement garde à ce que lon ny fasse aucune entreprise qui puist apporter du trouble et de l'altercãon, et pour cest effect jay advisé de vous faire celle cy, affin questant adverty de tout ce que dessus, vous ayes à pourvoir songneusem. à ce que vous jugerez necessaire pour empescher les désordres et mouvemens quy pourroient arriver en lestendue de vre charge et quil ny soit faict aucune Levée de gens de guerre sans mes Lettres de commission, advertissant les gouverneurs des villes de ce quilz auront à faire sur ce subject et donnant ordre que les habitans dicelles fassent garde aux portes pour observer ceulx quy iront et viendront *et empescher lentrée ausd. princes et seigneurs susnommés et tous autres qui seront advoues et recongnus* estre de leur parti, sy ce nest avec Lettres et passeportz de moy, prenans garde que eulx ny autres ne sen puissent rendre maistre et troubler le repos des habitans, les détourner de la fidellité et obeissance quilz me doibvent. Je leur en escris a chacun en leur particulier et vous en addresse les lettres, affin que vous leur fassiez tenir, à quoy vous apporterez le soing, vigillance quy est requise pour mond. service, pourvoyans néanmoins que l'on fasse lesd. gardes avec tel ordre et moderãon que mes bons et fidelz serviteurs et subjectz ne s'en donnent umbrage ny alarme les uns aux autres, et que tous vivent ensemble en la bonne amitié et intelligence quilz doibvent et soubz lobservãon des loictz faictz pour la conservaon de la paix repos et tranquillité entre tous mes subjets tant catholicques que de la relligion pretendue reformée, à lentretenement desquelz j'apporteré tousjours de ma part ce quy deppendera de moy, comme je me promectz aussy que tous mes bons serviteurs y contribueront ce quy sera de leur debvoir, ainsy que je vous recommande en vre particulier et de m'informer songneusement de ce quy se passera important mond. service en vre charge : sur ce je prie dieu, mon Cousin, vous avoir en sa saincte garde.

Escrit à Paris ce der. jour de Juillet 1615.

Signé : LOUYS,

Et plus bas, POTIER.

Et au dos est écrit :

A MON COUSIN,

Le Mareschal d'Ancre, Cappitaine Bailly et gouverneur de mes ville et citadelle d'Amyens et de mes villes et chasteaux de Peronne, Mondidier et Roye, mon Lieutenant-général au gouvernemens de Picardye.

Le neufiesme jour d'aoust mil six cens quinze. Ledit Pingré eschevin et Delessau greffier, estans de retour, ayans faict le rapport de leur voiage à Monseigneur le Mareschal dancre et à Messieurs les eschevins mesmes faict lecture des lettres du Roy sur le subject dud. voiage, tant de celles qu'il escrit à mond. seigneur que de celles qu'il escry a mondict seigneur le Mareschal, a commancé de faire entendre aux principaulx habitans de la ville ce qu'il s'est passé au dit voiage et leur faire lecture des lettres de sa majesté.

Le onziesme jour daoust mil six cens quinze la chambre du conseil de l'hostel commun de la ville d'amyens où estaient assem-

blés M. le Lieutenant général, M^rs les Eschevins, conseillers de
ville, cappitaines, lieutenans et enseignes des Bourgeois de lad.
ville.

Le dit Sr Pingré eschevyn a dict que suivant la délibéraõn du
11e aoust der. il est allé en court assisté du greffier de lad. ville
où il aurait fait entendre au Roy ce quy s'estait passé en ceste
ville le 11e de ce mois et comme tous les habitans et loiaulx
subjectz sestoient tous disposés en une mesme voulenté à le servir, sa majesté les ayant receuz d'un bon coeur leur a dict qu'il
avoit dejà entendu ce qui s'estoit passé en sa ville d'amiens pour
le bien de son service, qu'il en louoit les habitans qu'il tient
pour ses bons subjectz et se confye du tout en eulx de la garde de
la ville et leur recommandoit soubz asseurance quil les traicteroit
doucement et leur seroit bon Roy, et sestant sa majesté retirée se
seroit aussy tost retourné et leur dist : « *Mes amys ce nest assez
davoir bien faict il fault continuer,* » et incontinent après ilz
auroient sallué la Royne au nom de la ville et lasseuré de la fidellité des habitans au bien et service de sa majesté, laquelle les a
receu fort humainement leur disant que les habitans damyens
avoient sy bien faict en l'action du 11e aoust qu'il méritent louange et récompense, quilz avaient monstré ung bon exemple à toutes
les autres villes de la france, et aussi tost après avoir pris congé
de leurs majestés et quilz ont eu lettres de sa majesté adressantes
tant à monseigneur le Mareschal d'Encre que M^rs les Eschevins
et habitans de la ville, ilz sen sont retournez, et desquelles lettres
en a esté faict lecture en lad. assemblée et dont la teneur ensuit.

MON COUSIN,

Les depputés de ma ville d'amyens m'estant venus trouver de
la part des habitans avec une lettre d'eulx pour me rendre compte du bon debvoir quilz ont faict en lexecuõn des derniers
commandem. quilz ont receuz de moy et masseurer de leur fidellité et affection à mon service, je les renvoye prestement après
les avoir louez du passé et exortés de persister en la mesme
obéissance à lavenir, comme je massure quilz feront par ce que

je leur ay baillé une response sur se subject par laquelle je les remetz à entendre de vous ce quy est de mes volontés et de la bienveillance que je leur porte. Jay voullu vous en advertir par celle cy qui vous sera rendue par eulx et qui nest que pour ceste occasion. Cest pourquoy je ne la fere plus longue que pour prier dieu qu'il vous ayt, mon cousin, en sa sainte garde.

Escrit à Paris le VIIe aoust 1615.

Signé : LOUYS.

Et plus bas, POTIER.

Et au dos : à mon Cousin le Mareschal dAncre, conseiller en mon conseil d'Estat, premier gentilhomme de ma chambre, cappitaine et gouverneur de mes ville et citadelle d'Amyens et mon lieuten. général au gouvernement de Picardye.

De par le Roy.

CHERS ET BIEN AMES,

Nous avons seu il y a desja quelques jours et entendismes encore hier de vos depputés qui nous présenterent une lettre du 11 de ce mois, le bon debvoir que vous aves faict à lexecution de mes comandements, dequoy demeurant tres content et vous sachans le bon gré que vous merites, nous vous avons voulu escrire ceste lettre pour vous en asseurer, vous exorter à persister en ceste fidelle obéissance comme nous nous asseurons que feres tousjours, et vous déclarer que vous congnoistres en toutes occasions que votre bien et repos nous sont en la recommandaõn que vous avez désiré, ainsy que nous avons dict à vosd. depputes et que vous fera plus amplement entendre de notre part notre cousin le Mareschal d'Ancre, auquel nous nous en remestons comme de toutes autres choses quy regardent votre seureté et conservaõn.

Donné à Paris le VIIe jour d'aoust 1615.

Signé : LOUYS.

Et plus bas, POTIER.

Et au dos : à nos chers et bien amés, les maieur, eschevins et habitans de notre ville d'amyens.

(59e *Registre aux délibérations d'Eschevinage de la ville d'Amiens*, fol. 223-229 V°)

D

Délibération de l'échevinage d'Amiens du 16 avril 1616, relative aux pourparlers et arrangements pris avec le Maréchal d'Ancre, pour obtenir la démolition de la citadelle d'Amiens.

« **M.** le Premier Echevin a dict que cejourdhuy ayant esté donner le bonjour à Monseigneur le Maréchal dancre (sic), gouverneur de ceste ville, mondit seigneur est assuré que la démission par luy faite du gouvernement de ceste ville ès mains de sa Majesté, pour en disposer ainsi qu'il adviseroit pour le bien de son service, avoit esté acceptée ; et que le roy avait résolu que la citadelle demeureroit comme elle est ; et que pour donner contentement aux princes, il commettrait autre que luy pour estre gouverneur de la ville et citadelle. Ce qu'entendant, ledit seigneur et les eschevins sur les asseurements que mondit seigneur le Maréchal lui donnoit que ce qu'il lui disoit étoit véritable, auroit pris subject de le supplier très-humblement tant pour le service de sa Majesté pour les raisons qu'il lui a faict entendre, tels que le bien de la ville et de toute la France, de vouloir estre cause qu'il plût à sa Majesté avoir agréable la démolition de la citadelle, du costé de la ville, et luy ayant faict entendre les raisons pour lesquelles ceste démolition était à désirer pour le service du Roy, a supplié de rechef mondit seigneur le Maréchal de voulloir, comme très affectionné au service du Roy, procurer ce bien à la France ; que pour luy il n'y avait aucun intérest, puisqu'il s'estoit démis de son gouvernement ès mains de sa Majesté et qu'il sortoit d'icelluy.

Que s'il procurait ce bien à la ville, outre qu'il feroit service notable à l'estat, il obligeroit les habitants à le reconnoitre de sa bienveillance et affection qu'il leur tesmoigneroit en ceste action. Sur ce mondit seigneur le Maréchal lui a dict que cestoit chose asseurée qu'il sortoit de la place et qu'un autre y seroit mis par le roy ; néanmoins qu'il croyoit avoir tant de crédit vers sa Majesté qu'il pourroit bien lui faire ordonner le démolition, mais que tel bienfait méritoit un honneste présent, et même se faisoit fort de le faire faire et ne demandoit rien que l'affaire ne fust par son moyen exécutée, lui donnant six bourgeois pour caution de ce qu'il lui seroit promis. Sur ce propos, le dict premier eschevin l'avoit très-humblement remercié de sa bonne volonté et lui mandoit s'il auroit agréable qu'il en communicast avec ses confrères, lequel avoit accordé et dict qu'il fallait que ce fut promptement, l'affaire requérant célérité. — Disant ledict S^r premier eschevin que c'est le sujet qui lui a meu de faire ceste assemblée, priant la compagnie d'en délibérer.

Sur quoy par l'avis de la compagnie a esté ordonné que Messieurs premier eschevin et prévost royal se transporteront par devant mondit seigneur le Maréchal et le remercieront très humblement de la bonne affection qu'il porte à la ville, lui diront que si par sa faveur la ville peut être déchargée de la citadelle ils se promettent qu'il lui sera faict présent de cinquante mil escus, et le supplieront d'accepter cest offre et de donner permission de faire une assemblée des principaux habitants pour adviser par quelle forme ceste somme se recouvrera, remontreront la pauvreté du peuple pour s'excuser d'une plus grande somme.

Et le même jour ledict sieur premier eschevin assisté dudict sieur prévost et du greffier de ladicte ville a esté trouver mondit seigneur le Maréchal, auquel il a fait entendre ce qu'il avoit esté advisé en la délibération ci-dessus, lequel auroit témoigné avoir agréable l'offre qui lui auroit esté faicte. Néanmoins avoit dit que outre les cinquante mille escus *il voulloit que l'on donnât dix mil escus à Madame la Maréchale sa femme*. Et sur ce que ledict sieur prévost lui auroit représenté que aucun disoit qu'il avoit esté accordé au traité de Paix que la citadelle s'abatteroit, que si cela estoit il ne croyoit point que la ville fut obligée de fournir à l'offre ci-dessus, mondit seigneur luy auroit dict que cela n'estoit pas arrêté, qu'il le savait bien ; que si cela estoit, il seroit un trompeur et ne lui seroit deu aucune récompense. Mais qu'il craignoit une autre chose, doutant que les habitants ne pouvoient faire levée de deniers sans permission du roy, et qu'il ne vouloit pas que le présent que lui faisoit la ville lui tournat en récompense du gouvernement qu'il quittoit, et même qu'il falloit craindre que le roy ne fit quelque demande à la ville pour ladicte démolition, ce qui ne seroit résonnable, lui ayant faict ce don. A raison de quoy, pour s'escarter de ces difficultés et donner ordre à tout, il dépécheroit un courrier en court, qui partiroit dès demain au matin, avant le retour duquel il n'estoit point d'avis de faire aucune assemblée, et leur auroit faict ouverture de plusieurs raisons qu'il représenteroit à sa Majesté pour faire trouver bon cest démolition, leur disant qu'ils fassent entendre ce que dessus a ceux qui avoient assisté en l'assemblée faicte, et même qu'ils en communicassent aux habitans qu'ils connoissoient les plus discrets et advisés.

Et au retour desdits S^{rs} premier eschevin et prévost, la compagnie a esté en l'assemblée ; ayant esté mandé, ledict sieur premier eschevin leur a fait entendre ce qui s'est passé vers mondit seigneur le Maréchal, comme ci-dessus. » (1)

E

Déclaration sur l'arrestation et la détention du Prince de Condé
(5 septembre 1616)

« Louis, etc. C'est avec un regret incroyable et qui nous perce le cœur, qu'il faille que si souvent nous employions nostre auto-

(1) Folios 23 et 24 du registre aux délibérations.

rité pour réprimer les malheureux desseins de ceux qui cher-
chent en la ruyne de nostre estat l'advancement de leur fortune,
et dans les prodigieuses cruautés des guerres civiles, la licence
de tout ce que les lois et la raison leur défend ; et encore plus,
quand il faut que les nécessaires remèdes que nous apportons à
la seureté de nostre personne et salut de cest estat, diffament et
déshonorent nostre propre sang et le rendent coulpable d'im-
piété, tant envers nous, qui tenons lieu de père à tous nos subjets, que envers leur commune patrie, qui est révérée comme
mère par les peuples les plus barbares. C'est néantmoins ce qui
nous arrive aujourd'hui, quand nous mettons au jour les justes
plaintes que nous faisons tant contre nostre cousin, le prince
de Condé, que contre les princes, seigneurs et autres, qui
adhèrent aux mauvais et pernicieux desseins qui ont esté ourdis
contre nostre personne et nostre estat, estant impossible que
ceux qui considéreront d'un côté nostre démesurée clémence
tant de fois employée à les gagner et acquérir, et d'autre, leur in-
domptable opiniâtreté à nous offenser, voyre ruyner, ne détes-
tent avec horreur une si ingrate mescognoissance.

Lorsque dernièrement ils s'élevèrent en armes, sous prétexte d'empescher la plus honorable alliance que nous pouvions
prendre en toute la chrestienté, et pour réformer nostre estat
par son entière ruyne, nous pouvions aysément, avec un peu de
patience, les voir fondre et se consommer de soy mêmes pour
retomber à nos pieds et estre réduits à nostre miséricorde. Mais
jettant les yeux sur les misères et calamitez qu'ils faisoient souffrir à nos peuples, nous avons voulu, comme père pitoyable, payer
la rançon de nos pauvres subjets par la diminution de nostre autorité, par l'extrême incommodité de nos affaires et évident dommage de nostre estat.

C'est pourquoi, par le traité de Loudun, nous accordâmes à
nostre dit cousin tout ce qu'il nous demanda ; nous ne lui lais-
sâmes pas seulement le gouvernement de Berry, mais nous récom-
pensâmes chèrement toutes les places fortes qui y sont, et tout le
domaine pour le luy bailler, et accordâmes, ou pour gratifica-
tions, ou pour licenciement de ses troupes, des sommes si im-

menses, que les despenses de ceste guerre ou du traité nous reviennent à plus de 20 millions. Pour contenter nostre cousin le duc de Longueville, nous avons tiré de la Picardie et de la citadelle d'Amiens ceux qui y commandoient pour y mettre personne qui lui peust estre agréable, et pour lui donner plus de subjet de se rapprocher de nous, fait éloigner ceux que nous croyions qui lui étoient désagréables. Nous avons donné à nostre dit cousin, le prince de Condé, lorsqu'il est venu vers nous, telle part qu'il a désiré au maniement de l'estat, et particulièrement la direction de nos finances, bien que ce fust chose qui semblast aliénée de sa qualité et que chacun jugeoit préjudiciable à l'estat,

Toutesfois les excès de nos grâces et faveurs n'ont peu retenir les volontés désordonnées de ceux qui ne trouvent leur repos que dans les troubles de nostre estat et ne mettent leur espérance qu'en nostre ruyne. Car et devant et depuis l'arrivée dudit sieur prince ont esté tenues plusieurs assemblées nocturnes en nostre ville de Paris, mesme à Saint-Martin-des-Champs, et au fauxbourg Saint-Germain, où se sont trouvez des princes et autres des plus grands qui feussent près de nous; et mesme aucuns de nos officiers, dont les uns se sont depuis retirez, advouant leur crime par la fuite. A la suite de cela, ont esté faites pratiques et menées pour desbaucher le peuple et l'esmouvoir à sédition, et pour gaigner ceux qui avoient charge des armes en ceste nostre bonne ville, comme colonels et capitaines, et ce, sur divers prétextes, à quoy même ont esté employez plusieurs de nosdits officiers.

L'on n'a point aussi oublié de pratiquer les curés et prédicateurs, auxquels on a fait tenir des langages scandaleux, non plus que les seigneurs et gentilshommes qui étoient autour de nous, et cela si ouvertement, que ceux qui faisoient telles menées n'ont point eu crainte de faire dire à la reyne, nostre très honorée dame et mère, qu'ils étoient tellement liez que rien ne les pouvoit séparer; leurs serviteurs et suivans disant publiquement que nul que Dieu ne les pouvoit empescher de changer le gouvernement. Ensuite de cela, seroit arrivé le saisissement et occupation de la ville et chasteau de Péronne, dont les conseils ont esté tramez près de nostre personne ; de quoy bien que nous eussions juste occasion d'estre grandement indignez, et avec la force venger l'injure qui estoit faite à nostre authorité ; néantmoins nous nous serions accomodez à toutes les propositions qui nous auroient esté faites pour composer doucement ceste affaire ; mais au lieu de faire profit de nostre bonté et indulgence, il seroit entré dedans quatre compagnies de gens à pied, tambour battant, parties des places commandées par ceux qui estoient près de nous, et qui trempoient à tous ces desseins ; ce qui auroit tellement desplu à tous ceux à qui il restoit encore quelque respect de nostre authorité, qu'une princesse qui touche de fort près ceux qui étoient intéressez en ce faict là, touchée de la compassion de nostre fortune, auroit donné advis à la reyne, nostredite très honorée dame et mère, des dsseins des entrepreneurs, et nous auroit fait advertir de prendre garde à nous, d'autant que leurs conseils tendoient à se saisir de nostre personne et de la reyne, notredite dame et mère, et se cantonner par toutes les provinces de nostre royaume ; dont toutefois l'horreur auroit esté si grand en l'âme de ceux qui y avoient trempé, que mesme nostre dit cousin, avant sa détention, auroit ingénûment confessé à nostre dame et mère s'estre trouvé audit conseil ; et qu'à la vérité nous aurions occasion d'avoir soupçon de luy, adjoustant que toutefois, nous et nostre dite dame et mère luy étions obligez autant qu'à nos propres pères. Lesquelles mesmes paroles auroient esté aussi dites à ladite dame par un autre prince, la priant de n'en point faire de semblant de peur que nostredit cousin ne se retirast.

Et de fait, nous avions délibéré, en dissimulant, lasser les autheurs de telles brouilleries par nostre patience et les ramener à leur devoir ; mais nous feusmes incontinent advertis de toutes parts que, nonobstant la déclaration de nostredit cousin, il ne laissoit pas, avec ses adhérans, de persister en leurs mauvais desseins. De sorte qu'un des grands de nostre royaume vint vers nostredite dame et mère luy révéler qu'il avait esté en l'un des dits conseils, où il se traictoit de se saisir de nostre personne et s'emparer du gouvernement de l'estat ; en mesme temps un au-

tre, de semblable qualité, auroit envoyé à nostredite dame et mére
un conseiller de nostre parlement pour nous donner advis des-
dites entreprises ; et depuis encore seroit venu lui-mesme, et
nous auroit conjuré de pourveoir à la sûreté de nos personnes,
protestant qu'il le disoit pour la descharge de sa conscience ;
ajoustant que l'armée qui étoit à Péronne auroit esté mieux auprès de nous, et qu'il eust désiré que nous eussions esté hors
d'ici au milieu de 1,200 chevaux. Un des principaux prélats de
ce royaume, et qui estoit entièrement hors de soupçon de vouloir rien feindre en ceste occasion, nous vint aussy advertir
qu'on proposoit, parmi les autheurs de ces desseins, d'aller à
nostre Parlement reprendre les erres de l'arrest (1) par lequel
on avoit ordonné que les princes, pairs de France et officiers de
la Couronne, seroient convoquez pour pourveoir au gouvernement, et là, proposer de nous l'oster†

Et ces choses estoient déjà si publiques, que les ambassadeurs
des princes estrangers qui estoient en nostre cour, nous don-
noient advis par escrit de leurs mains, et sollicitoient officieuse-
ment de prendre garde à nous. On nous rapportoit aussy qu'ès
festins qui se faisoyent parmi ceux qui suivoyent nostredit cousin, c'estoit au terme d'allégresse ordinaire *Bare-à-Bras*, pour
désigner sa prétention à la couronne. En mesme temps nous
sçavions que de tous costés on levoit des forces en nostre royaume sans nostre permission, et sur les commissions de ceux qui
estoient près de nous, et en saison qu'on ne pouvoit prendre prétexte que ce fust pour servir ailleurs ; cela avec telle licence,
que le jour avant que nous ayons fait arrestor nostredit cousin,
il fut tiré de ceste ville de Paris des armes pour armer trois
mille hommes. Nostre patience enfin vaincue par l'évidence du
péril qui ne regardoit pas seulement nostre personne, mais traî-
noit après soy l'entière ruyne de nostre royaume, qui nous est
plus cher beaucoup que nostre vie, nous nous sommes retournéz
vers Dieu, et après avoir, comme en chose désespérée, imploré
son assistance et conseil, nous avons trouvé n'y avoir plus autre

(1) Arrêt du 28 mars 1615.

remède à ce mal que de nous assurer de la personne de nostredit cousin, bien que nous cognussions assez le hasard que nous
courions par les menées et pratiques avec lesquelles on avoit
dès long-temps aliéné les cœurs et volontez, non seulement de
nos subjets, mais de nos propres officiers et serviteurs.

Nous l'avons donc fait arrester et loger près de nous en nostre
chasteau du Louvre, avec le plus honorable et favorable traite-
ment que telle occasion pouvoit souffrir ; et pour ce que
dessus nostredit cousin, et ceux qui luy ont adhéré ont ma-
nifestement violé la foy qu'ils nous avoient donnée, et contre-
venu en toutes façons audit traité de Loudun, comme ils avoient
fait à celui de Sainte-Menehould par l'entreprise de Poictiers,
comme il est vérifié par plus de 150 tesmoins dignes de foy ;
nous ne doutons point que, selon que les esprits sont misérablement partialisez et prévenus de diverses passions, beaucoup
de gens mal affectionnez à nostre service et au bien de nostre estat ne veuillent donner de sinistres interprétations à cest événement, nous avons voulu par ces présentes esclaircir un chacun de nostre intention, et pourveoir quant et quant à ce qui
est de la sûreté de nostre estat et bien de nos subjets, et leur
faire cognoistre que nostre bonté et clémence ne peut estre
vaincue par leur obstinatination ; et pour cet effect,

Sçavoir faisons, qu'après avoir mis cette affaire en délibération
en nostre conseil où estoit la reyne, nostredite dame et mère,
aucuns princes, officiers de nostre couronne, et autres principaux seigneurs de nostredit conseil, et de l'advis d'iceluy,

Nous avons déclaré et déclarons par ces présentes, signées de
nostre main, que, par la détention et arrest fait de la personne de
nostredit cousin, nous n'avons entendu ni entendons en façon
quelconque contrevenir à nostredit traité de Loudun, ni priver
aucun de nos subjets, demeurant en nostre obéyssance, du fruit
et bénéfice d'iceluy, lequel nous voulons estre inviolablement
gardé, pour le regard de tous nos subjets qui sont demeurés en
leur debvoir et en nostre obéissance.

Et pour d'abondant exercer envers eux nostre clémence, voulons et nous plaît que tous ceux qui ont adhéré à nostredit cou-

sin, et aux desseins et conseils qui ont esté pris contre nostre estat, revenans à nous dans quinzaine après la publication des présentes en nos parlemens et nous en demandant pardon, n'en soient en façon quelconque recherchez ; abolissant en ce cas tout ce dont ils pourroient estre coupables, promettant les reprendre en nostre grâce ; comme aussy, en cas qu'ils persévèrent en leur faute, les avons déclarez et déclarons criminels de lèse-majesté. Voulons estre procédé contre eux suivant la rigueur des lois et de nos édits et ordonnances (1). »

Requête et ordre de Louis XIII.

Voici comment Louis XIII s'exprime sur la mort du Maréchal dans sa requête au Parlement, le 9 mai 1617, à propos du procès à faire aux époux Concini :

(1) Après la mort du Maréchal d'Ancre, amnistie pleine et entière fut accordée par Louis XIII aux princes, ducs, et à tous ceux qui les avaient assistés (Déclaration datée de Vincennes, mai 1617, reg. au Parlement le 12). Alors, grâce à l'influence de ses nouveaux conseillers, de son nouveau maître, le roi signa une déclaration entièrement contraire à celle du 5 septembre 1616, qualifiant les *desseings* du Maréchal d'Ancre de violents, pernicieux et oppresseurs à l'égard des Princes.

Louis XIII passa l'éponge sur tout : révolte contre son autorité, *faits de guerre civile, levée et prise de deniers, impôts mis sur le peuple, réquisitions, corvées*, etc. « *Voulons et entendons, dit-il, qu'ils jouissent de nos grâces et faveurs, honneurs et bienfaits, et qu'ils demeurent quittes et déchargés du maniement des deniers qu'ils ont imposés et touchés.* »

A la mort de Concini, les finances étaient dans un état déplorable ; mais cet événement, dit Sully, ne ramena pas l'aisance dans le trésor obéré par 20 millions de dépenses extraordinaires que les guerres civiles avaient coûté. Les provinces épuisées par la présence des troupes et par les levées d'argent que les princes avaient faites ne pouvaient satisfaire qu'avec peine au paiement des tailles.

« Les advis certains qui nous avoient esté donnés des entreprises et conspirations faictes par le feu mareschal d'ancre contre nostre personne et nostre Estat, ensemble de plusieurs aultres grands et énormes crimes par luy commis et perpétrez, nous avoient faict resouldre de le faire saisir et arrester le vingt quatriesme du mois passé, pour par nous luy faire faire et parfaire son procès; mais estant advenu que se sentant coulpable, et, fort accompaigné, luy et les siens auroient voullu faire résistance contre ceulx que nous avions ordonné pour en faire la capture, et auroit resté tué sur la place ;

Et estans aussy advertis que sa femme estoit participante aux dicts crimes et conspirations, nous la feismes arrester le mesme jour, et l'avons depuis faict garder dans nostre chasteau de la Bastille où elle est à présent.... » (*volume 221, VG. Bibl. nat.*).

Dès le 26 avril, surlendemain de la mort du Maréchal, le roi donnait verbalement l'ordre de faire des perquisitions dans son logement, comme le prouve la pièce suivante se trouvant à la Bibliothèque Nationale, volume 221 (VG):

« Nous, Gilles Maupeou et Ysaac Arnaud, Conseillers du Roy en son Conseil d'Estat et surintendance de ses finances, suivant le commandement de *bouche* à nous faict par sa majesté, le 26ᵉ du mois d'apvril 1617, de faire perquisition au *logement que le Mareschal d'Ancre* tenoit en son chasteau du Louvre, de tous les pappiers, or, argent, bagues et joyaulx et meubles à lui appartenans, pour *iceulx inventorier et en donner advis à sa Majesté ...* »

UN DERNIER MOT

Les recherches que nous avons faites sur Concini ne se bornent pas, comme on peut le voir, au rôle qu'il a joué en Picardie ; elles peuvent également servir à une histoire complète de ce personnage, dont la place est marquée dans l'histoire, et doit être appréciée autrement qu'on ne l'a fait jusqu'à présent. Sans avoir la prétention de porter un jugement définitif basé sur ces seuls documents, il nous semble que plusieurs témoignages sont assez concluants pour établir dès maintenant :

1° Que, sans avoir un génie supérieur, dominant les personnes et les choses, le Maréchal a fait preuve de clairvoyance et d'habileté comme homme d'Etat, notamment en inaugurant au commencement de sa faveur une politique de conciliation, qui pouvait avoir les meilleurs résultats, si sa conduite avait été plus désintéressée, et si la trop grande ambition des princes n'y avait mis obstacle (1) ;

(1) Les révoltes des Princes, leurs prises d'armes contre le roi, soit disant à cause de Concini, n'étaient que prétextes, « chacun voulloit estre maitre, » dit le *Journal d'un bourgeois de Gisors*, p. 123, édition de MM. Le Charpentier et Fitau.

2° Que, soit pendant la guerre civile, soit dans les négociations, sa conduite a été pratriotÏque, et ses mesures assez puissantes pour empêcher le retour en France des gouvernements partiels et féodaux ;

3° Et qu'en ce qui concerne sa position particulière en Picardie, le Maréchal a été l'objet d'attaques pour la plupart injustes et passionnées (1).

J'avais donc raison, il me semble, de dire en commençant que, dans une juste limite, on devait réformer sur plusieurs points les jugements du passé et que mon client avait été à coup sûr trop décrié ; je crois en avoir donné quelques preuves certaines. C'est le cas de répéter ici avec M. Jal : « J'avoue qu'il est impossible de ne pas défendre un peu les Concini, quand je vois au milieu de quelle cour, de quels intérêts, de quels partis ils ont vécu », sans absoudre pourtant, ajouterai-je, ni les uns ni les autres.

(i) La défense par Concini de son gouvernement était considérée, en haut lieu, comme une bonne politique. « La conduite du Maréchal d'Ancre pour conserver son gouvernement a été louée de tous. » — Lettre de M. de Villeroy, du 12 octobre 1615.

TABLE DES MATIÈRES.

Amiens. — Imp. A. DOUILLET et Cie, rue du Logis-du-Roi, 18.

9 782019 992903